THÉATRE DES FOLIES DRAMATIQUES.

BAL ET BASTRINGUE,

VAUDEVILLE EN TROIS ACTES,

PAR MM. ÉDOUARD BRISEBARRE ET CH. POTIER,

Musique de M. Oray, Ballet de M. Renausy

Représenté pour la première fois à Paris, sur le théâtre des FOLIES-DRAMATIQUES,
le 13 Février 1847.

Prix : 50 centimes.

PARIS,
BECK, ÉDITEUR,
RUE GIT-LE-CŒUR, 42.
TRESSE, successeur de J. N. BARBA, Palais-Royal.

1847

BAL ET BASTRINGUE,

VAUDEVILLE EN TROIS ACTES,

PAR MM. ÉDOUARD BRISEBARRE ET CH. POTIER.

Musique de M. Oray, Ballet de M. Renœuzy,

Représenté pour la première fois à Paris, sur le théâtre des FOLIES-DRAMATIQUES, le 13 Février 1847.

PERSONNAGES.	ACTEURS.
LOMBARD	MM. Heuzey.
LE MARQUIS D'HARVILLE	Jules-Henry.
DE MONTBRUN	Hy-Rey.
MOREL	Lebailly.
CASIMIR-MOREL	Anatole.
ANNIBAL	Dumoulin.
FORSTER	France.
VERNISKI	Ferdinand.
PALMYRE	Mme Angélina-Legros.
AGLAÉ-MEUNIER	Lebailly.
UN JEUNE HOMME	MM. Desquel.
DEUXIÈME JEUNE HOMME	Henri.

La scène se passe à Paris.

ACTE PREMIER.

Le théâtre représente une petite cour. — Loge de portier à droite. — Au fond, la porte-cochère. — Sur la gauche même plan, une porte vitrée donnant sur l'arrière-boutique de Palmyre. — Au second plan de gauche le commencement de l'escalier.

SCÈNE PREMIÈRE.

MOREL, FORSTER, VERNISKI.

(*Au lever du rideau, le père Morel balaie la cour.*)

VERNISKI, *descendant l'escalier avec humeur.* Refuser les bottes les mieux faites de mon établissement.

FORSTER, *de même, avec un baragouin allemand.* Me tire que ce hâpit de didi n'a pas de chic... il est hourtant tout baileté.

VERNISKI. Et nous fermer la porte sur le nez... Est-il malhonnête ce marquis d'Harville...

FORSTER. On ne draide bas gomme ça une dailleur.

VERNISKI. Ni un cordonnier.

FORSTER. Un gordonnier, basse engore; les dailleurs sont au-dessus des gordonniers.

VERNISKI. C'est-à-dire que ce sont les cordonniers.

FORSTER. Mais demandez tonc au bère Morel, le bordier que foici... ce qu'il brise le mieux d'un gordonnier ou d'un dailleur.

MOREL. Moi, j'aime mieux les portiers.

VERNISKI et FORSTER. Ah!

MOREL. Certainement!

SCÈNE II.

LES MÊMES, ANNIBAL.

ANNIBAL, *entrant par la porte-cochère.* Où est Palmyre?.. je l'ai perdue de vue au coin de la rue, avec son cabas sous le bras, et elle n'est pas encore rentrée dans sa boutique. (*Il va regarder à la porte vitrée.*) Non... n'y a que sa demoiselle de comptoir... (*haut.*) Qu'est-ce qui a vu Palmyre?

MOREL. Eh! personne... il est toujours à courir après sa Palmyre, celui-là.

FORSTER. Lui va nous mettre tous d'accord... animal!..

ANNIBAL. Animal vous-même, dites donc... (*à part.*) Serait-elle montée en mylord... avec un...

VERNISKI. Eh! non, il veut dire Annibal, votre nom... Voyons, qui vaut le mieux d'un tailleur, d'un cordonnier ou d'un portier?

ANNIBAL. Ce sont les garçons de café.

TOUS. Ah!

ANNIBAL. Certainement; noble corporation dont je fais partie et que j'illustre... je suis le Napoléon, l'Alexandre, le Tasse des garçons de café... le Tasse, c'est peut-être beaucoup dire... demi-Tasse.

1847

MOREL. Voulez-vous que je vous dise mon opinion ; eh bien ! vous êtes tous des imbéciles... vous criez après ceux qui ne vous regardent pas comme leurs égaux, et entre vous, vous vous imaginez que vous valez mieux les uns que les autres...

ANNIBAL. Ah ! Dieu ! pas moi père Morel... je suis le fils du limonadier en face... je sers de premier garçon à papa... je monte régulièrement la garde pour lui... aujourd'hui encore ; tenez à la mairie, je viens de poser mes factionnaires, et de me dépouiller de ma tunique... pour faire du chocolat... et je ne suis pas plus orgueilleux pour ça... tenez, je vous donne une poignée de main... je cause avec vous comme si vous étiez un garçon... de café.

MOREL. C'est vrai, t'es pas fier.

ANNIBAL. Mais ni vous non plus, et pourtant, vous en auriez le droit de l'être, fier... de votre fils... ce cher Casimir, avec lequel j'ai été à l'école... qui me mangeait toujours mes confitures... jusqu'au moment où vous l'avez envoyé au collège...

MOREL. J'ai voulu donner à mon fils, de quoi le rendre l'égal de tout le monde, l'éducation.

ANNIBAL. Moi, papa m'a retiré de pension à douze ans pour me faire rincer les chopes... au moment où je traduisais déjà du latin... Rosa... la rose... il trouvait que je lui coûtais trop cher...

MOREL. Moi, j'ai fait un petit héritage, et il m'a servi à faire faire les études à mon fils... il en a bien profité, et il ne sera pas comme moi... un vieux portier, qui ne sait ni lire, ni écrire...

ANNIBAL. Est-il toujours chez son agent-de-change ?..

MOREL. Et il espère le devenir un jour.

VERNISKI. Et il vient vous voir souvent ?

MOREL (hésitant.) Oui, de temps en temps.

ANNIBAL. Tous les trente-six du mois... hein ?

MOREL. Quand il peut, c'est un bon fils je l'ai élevé à cela... mais est-ce que ça vous regarde ?... ces curieux là !... Occupons-nous donc un peu de notre bal de fondation... qui doit avoir lieu comme tous les ans, aujourd'hui, Mardi-gras...

ANNIBAL. A raison de trois francs par tête... souper compris.

MOREL. Et cette année, nous n'aurons pas de local à payer, car mademoiselle Palmyre nous donne le petit appartement qu'elle occupait avant d'entrer en possession de cette boutique.

FORSTER. L'on peut compter sur moâ et sur ma épouse...

VERNISKI. Je viendrai avec ma légitime.

ANNIBAL. Faut pas compter sur votre fils, n'est-ce pas père Morel ?...

MOREL. Il est bien venu l'année dernière...

ANNIBAL. Dame !..., il n'était pas si gros monsieur qu'à présent... ça n'a rien de bien régalant pour un futur agent-de-change de faire vis-à-vis avec les vieilles connaissances du quartier... moi, je ne serais pas surpris du tout si je le rencontrais sur le boulevard, de le voir détourner la tête....

SCÈNE III.

LES MÊMES, CASIMIR.

(Casimir est entré par le fond, a entendu parler Annibal et lui dit, en lui tendant la main :

CASIMIR. Bonjour, Annibal, bonjour, mon ami...

ANNIBAL. Casimir !...

MOREL. Mon fils !

FORSTER. Le petit Morel ?...

CASIMIR. Ah ! c'est M. Forster, et M. Verniski...

VERNISKI. Il nous reconnaît !

ANNIBAL. Et pourquoi donc qu'il ne vous reconnaîtrait pas... c'est qu'il n'est pas fier, lui... et vous faisiez un tas de cancans sur son compte...

FORSTER. Mais ti tout...

VERNISKI. C'est vous...

ANNIBAL. Mauvaises langues... (Lui serrant de nouveau la main). Cher Casimir, va...

CASIMIR. Mon bon père... est-ce que vous me boudez ?

MOREL (l'embrassant). Tiens !... voilà comme je te boude.

CASIMIR. Je vous ai un peu négligé...

ANNIBAL. Ce n'est pas une raison pour dire qu'il faisait ses embarras... vis-à-vis du père Morel...

CASIMIR (souriant). Bath !

ANNIBAL (désignant Forster et Verniski). Eux.

FORSTER. Mais ti tout !...

CASIMIR. Je ne serai jamais assez sot, ni assez ingrat, pour rougir de l'honnête homme qui s'est imposé tant de sacrifices pour me donner de l'éducation et me faire faire mon chemin dans le monde... J'ai failli succomber dans une entreprise hardie, et qui semblait au-dessus de mes forces et de mes ressources ; j'ai voulu être agent-de-change... Aujourd'hui, grâce à mon travail et à mon courage, j'ai réussi, je suis sur la route de la fortune, et je viens dire à mon père : si j'ai réservé pour moi seul toutes les angoisses et toutes les craintes... à présent que le danger est passé, venez partager mes espérances et mon bonheur...

MOREL. En voilà un fils modèle !

ANNIBAL (poussant Forster et Verniski). Et vous avez eu le cœur de dire du mal d'un si brave garçon...

FORSTER ET VERNISKI. Mais du tout...

CASIMIR. Ainsi, mon père, à présent vous ne me quitterez plus.

MOREL. Ah ! par exemple... je reste ce que je suis... et tant que ce bras-là pourra tirer le cordon ; je ne veux pas te coûter un sou.

CASIMIR. Mais mon père...

MOREL. T'es pas encore riche... faut que tu paies ta charge...

ANNIBAL. C'est pas difficile... vous prenez une femme, n'importe laquelle... vous l'épousez... et vous payez avec sa dot... moyen à l'usage de messieurs les agents-de-change et autres notaires...

CASIMIR. Je n'emploierai pas ce moyen-là, car j'aime une jeune fille... sans fortune, et je n'achèterai pas la richesse aux dépens de mon bonheur...

MOREL. T'as raison, mon garçon... mais il va falloir travailler ferme pour faire honneur à ta maison... et c'est un motif de plus, pour que je reste attaché à ma loge...

CASIMIR. Pourtant, mon père...

MOREL. Ne me taquine pas... je suis entêté.

CASIMIR (à part). Je finirai bien par le décider.

MOREL. Mais revenons à notre bal. (A Annibal). Ah! ça, la liste des souscripteurs est-elle complète?...

ANNIBAL. J'ai couru tout le quartier pour ça.

CASIMIR. Ah! ça mon nom est sur la liste.

MOREL. Quoi... tu veux...

CASIMIR. Certainement... et voici le montant de ma cotisation. (Il tire de son portefeuille un billet de 500 fr.).

ANNIBAL (enchanté). 500 fr.

CASIMIR. Qui serviront à payer ma bienvenue...

ANNIBAL (criant). Vive Casimir!

MOREL. C'est bien, ça, fiston... nous acceptons... avec ton chiffon de papier, nous pourrons faire tous les frais de notre bal...

ANNIBAL. Et crânement.

CASIMIR. Eh bien! le reste... les souscriptions individuelles... au bureau de bienfaisance.

ANNIBAL. Ça va... pour les pauvres!.. et en ma qualité de limonadier, j'irai demain leur verser ça...

MOREL. Et moi, je vas vivement faire un bout de toilette, pour aller commander les rafraîchissements... du cidre, des marrons et beaucoup de veau. (A Casimir.) Viens-tu dans ma loge, ça ne te chiffonne pas?

CASIMIR. Est-ce que ce n'est pas là que je suis né!... est-ce que ce n'est pas moi qui, autrefois, quand vous vous absentiez, tirais le cordon à votre place?...

MOREL. Et tu m'en as cassé... ah!...

ANNIBAL (à Morel). Il vous démanchait votre porte...

CASIMIR. A ce soir, Annibal...

ANNIBAL (lui serrant la main). C'est la crême des hommes... (à Verniski et à Forster) et vous osiez dire de lui...

FORSTER et VERNISKI. Mais c'es' vous...

ANNIBAL (menaçant). Si jamais ça vous arrive encore... (Forster et Verniski s'éloignent par la porte du fond. Morel et Casimir entrent dans la loge.)

SCÈNE IV.

ANNIBAL (seul). Mais qu'est-ce qu'est devenue Palmyre? (regardant à travers les carreaux de la porte vitrée qui donne sur la cour) elle n'est pas dans son arrière boutique..... je ne vois que son chat... qui est couché sur un bonnet...

SCÈNE V.

PALMYRE ANNIBAL.

PALMYRE (entrant par la porte-cochère.)

ANNIBAL. Palmyre!

PALMYRE (le voyant). Annibal!

ANNIBAL. Palmyre ne sortez plus le jour... il y a un tas de... drôles, qui vous regardent les femmes sous le nez.....

PALMYRE (riant). Et la nuit?...

ANNIBAL. Encore moins... il y a un tas de polissons qui... tenez, ne sortez plus du tout...

PALMYRE. Par exemple...

ANNIBAL. Parce que je suis sûr qu'on vous suit... qu'on vous chuchotte des bêtises, dans l'oreille... qu'on vous glisse des poulets, qu'on vous en a peut-être glissé un, aujourd'hui... où est-il ce poulet... Palmyre... (il fouille très vivement dans le petit panier que tient Palmyre.)

PALMYRE. Bon,... vous me bouleversez tous mes légumes.....

ANNIBAL. J'en fais une julienne de vos légumes.., voilà la considération que j'ai pour eux (il croque une carotte.) Ah! je sais où vous l'avez cachée... là... la boîte aux lettres... ordinaire des femmes... je change de profession... je deviens facteur... laissez-moi faire une levée...

PALMYRE. Est-ce que vous êtes fou...

ANNIBAL. Je suis mieux que ça...

Air : *Je suis jaloux.*

Je suis jaloux!
Au gamin qui vous regarde,
Sans lui dire: prends garde,
Je donnerais des coups...
L'baiser d'vot' chat me fait d'la peine,
De vos serins qui roucoulent pour vous,
Je suis jaloux!
Du porteur d'eau qui remplit vot' fontaine,
Et qui vous d'mande ensuite ses deux sous,
Je suis jaloux!

DEUXIÈME COUPLET.

Je suis jaloux!
Othello qu'on renomme,
Ne s'rait qu'un p'tit bonhomme
Qui n'm'irait pas aux genoux,

Il se servit, pour venger son injure,
D'un oreiller, c'est un moyen trop doux
Pour un jaloux !
J'prendrais l'mat'las, l'sommier, la couverture
Bref, je mettrais le lit tout sens d'sus d'ssous,
Je suis jaloux !

PALMYRE. Mais de quoi, jaloux ! ne suis-je pas une honnête fille... voilà un an, qu'en sortant d'apprentissage... je suis venue m'établir dans cette petite boutique de merceries....

ANNIBAL. Située en face du café de papa.

PALMYRE. Voilà un an que vous m'aimez...

ANNIBAL. Et que tout en vous regardant, je verse des demi-tasses sur les pantalons des habitués....

PALMYRE. Votre famille a consenti à nous unir après le carême... et je ne vous ai jamais donné lieu de soupçonner ma conduite.

ANNIBAL. Et ce M. d'Harville qui est venu demeurer ici, dans cette maison, depuis trois mois... et qui restait des heures entières dans votre boutique, pour acheter une paire de gants....

PALMYRE. Est-ce que M. d'Harville aurait osé dire ?....

ANNIBAL. Non, au contraire... en déjeûnant l'autre jour au café, avec un de ses amis, il rendait hommage à votre vertu... en ricanant... et moi, tremblant d'émotion, je lui ai versé son thé dans son chapeau...

PALMYRE. Oh ! les hommes !... ils ont une manière de se défendre d'une bonne fortune... qui est bien compromettante... Si jamais M. d'Harville me tombe sous la main...

ANNIBAL. Et vous voulez que je sois tranquille comme Baptiste...

PALMYRE. Certainement... ! parce que vous devez avoir confiance...

ANNIBAL. J'aimerais mieux pouvoir vous enfermer quelque part... pendant mon absence... ça m'en donnerait bien davantage...

PALMYRE (*riant*). Pourquoi pas tout de suite me mettre dans votre poche.

ANNIBAL. Si ça ne présentait pas des difficultés.....

PALMYRE. A ce soir, incorrigible... venez me prendre de bonne heure pour aller à votre bal de souscription...

ANNIBAL. Aussitôt que j'aurai posé mes factionnaires...

PALMYRE. Vous êtes de garde ?...

ANNIBAL. A la mairie... pour papa... je vais même r'endosser vite ma tunique... et retourner au poste... car l'autre caporal m'attend pour aller déjeûner... Palmyre, un petit baiser.

PALMYRE. Voulez-vous vous taire, v'là du monde qui descend...

ANNIBAL. Dieu ! d'Harville, mon cauchemar !... Rentrez vite, Palmyre, je ne veux pas qu'il aperçoive seulement... le bout de votre... oreille.....

(*Palmyre rentre en riant par la porte de son arrière-boutique, donnant sur la cour; Annibal la presse vivement de s'éloigner, et cherche à lui baiser la main malgré elle ; d'Harville et Monbrun descendent l'escalier*).

SCÈNE VI.

ANNIBAL, D'HARVILLE, MONTBRUN.

D'HARVILLE. Non, mon cher Montbrun, je n'ai plus de maison montée... mes créanciers ne me le permettent plus... ce qui ne m'empêche pas toutefois de vous offrir à déjeûner... Ah ! justement voici mon maître-d'hôtel, le premier garçon du café des étrangers... c'est là où je vais ordinairement... (*Appelant*). Annibal, fais préparer deux couverts... monsieur déjeûne avec moi... tu veilleras à tout...

ANNIBAL. Impossible, monsieur le marquis... je dois veiller avant sur la patrie... je suis de service... J'ai l'honneur d'être caporal... il faut que je relève les sentinelles... il y a même une heure qu'elles doivent m'attendre,... Si vous n'êtes pas trop pressé... demain, quand je descendrai la garde...

D'HARVILLE. Qu'est-ce à dire, drôle ?

ANNIBAL. Et puis, d'ailleurs, j'ai du cidre à mettre en bouteilles pour notre grand bal, dont M. Morel est l'ordonnateur.

D'HARVILLE. Tu appelles cela un bal ! dis-donc un bastringue !

ANNIBAL (*en s'éloignant et presqu'à lui-même*). Bastringue vous-même.

D'HARVILLE (*riant*). Ah ! ah !

SCÈNE VII.

MONTBRUN, D'HARVILLE.

MONTBRUN. Puisque votre maître-d'hôtel est de service, d'Harville, venez avec moi chez Véfour...

D'HARVILLE. Impossible, mon cher Montbrun... je ne peux pas à présent m'éloigner trop de chez moi... j'ai une certaine petite affaire... je vous traiterai... ici.., en face et malgré l'absence d'Annibal. j'espère que vous déjeûnerez à merveille... je ne veux pas vous faire trop regretter... d'être venu tout d'abord chez moi à votre débotté de la malle-poste de Calais.

MONTBRUN. J'avais hâte de revoir le visage d'un ami, et de passer joyeusement avec lui la nuit du mardi-gras...

D'HARVILLE. Parbleu ! mon cher Montbrun, vous êtes un homme heureux... Tenez, voici un billet de bal... le dernier qui me reste pour... une ravissante fête... improvisée par nous autres du club, et pour laquelle on m'a nommé l'un des commissaires... vous verrez là tout ce que Paris possède d'hommes à la mode et de beautés en vogue...

MONTBRUN. Et peut-être d'une vertu un peu équivoque! A merveille, j'accepte... *(lisant le billet).* Le travestissement est de rigueur... de mieux en mieux! je célébrerai dignement mon retour à Paris...

D'HARVILLE. Et moi, je clôturerai gaiement ma vie de garçon, car je vais me marier, mon cher.

MONTBRUN *(avec intérêt).* Ah! ah! vous êtes donc tout-à-fait...

D'HARVILLE. Mon Dieu oui, j'ai fini mon quatrième oncle... et je n'ai plus que des neveux... mes créanciers m'ont vivement conseillé de prendre ce parti-là! *(Ils continuent à causer à voix basse).*

SCÈNE VIII.

LES MÊMES, MOREL, CASIMIR.

MOREL *(à Casimir).* Je cours acheter les comestibles, pendant ce temps-là, tu garderas ma loge.

CASIMIR. Comment, mon père, vous voulez...

MOREL. Je reviens tout de suite. *(Il sort par le fond).*

SCÈNE IX.

MONTBRUN, D'HARVILLE, CASIMIR.

CASIMIR *(apercevant d'Harville)* M. d'Harville!... qu'il ne m'aperçoive pas dans mes fonctions de portier.

MONTBRUN *(continuant sa conversation avec d'Harville, et riant).* Eh bien, mon cher, je vous souhaite toute espèce de bonheur en ménage...

D'HARVILLE. Grand merci!

MONTBRUN. Mais comment avez-vous pu vous décider si subitement à prendre ce parti?

D'HARVILLE. Que voulez-vous... un marchand retiré, un nabab provincial... du nom de Lombard, que j'ai rencontré il y a un mois, chez un ami commun, s'est soudain entiché de moi et de mon marquisat, et m'a presque jeté sa nièce à la tête....

MONTBRUN. Et vous l'avez... acceptée.

D'HARVILLE. Sans la connaître...

MONTBRUN. Et ce mariage doit se faire bientôt...

D'HARVILLE. Dès l'arrivée de ce brave Lombard, qui est retourné à Barbezieux, chercher sa nièce... d'après cette lettre, il sera à Paris aujourd'hui, au plus tard, avec la charmante Aglaé Meunier...

CASIMIR *(troublé et à part, à la fenêtre de la loge).* Aglaé...Meunier...

MONTBRUN. Comme ça sent son bourgeois...

D'HARVILLE. N'est-ce pas? mais je vous retiens ici en vous parlant de mes affaires... quand nous serions beaucoup mieux à table... allons déjeuner.

ENSEMBLE.

Air : *De ma brunette. A ces jours de ma tendresse.*
(Oiseau de Paradis.)

Pas de crainte imaginaire ;
Nous aurons, j'espère ;
Bon vin, bonne chère,
Par mes soins, je veux vous faire
Traiter, en ce jour,
Comme chez Véfour.

MONTBRUN.

Plus de etc,
Nous, etc,
Bon, etc,
Par ses soins, il veut me faire
Traiter, etc.
Comme, etc.

CASIMIR.

Ma crainte est imaginaire,
Non, jamais, j'espère,
Celle qui m'est chère
Ne peut, bravant ma colère,
Trahir, en un jour
Ses serments d'amour.

SCÈNE X.

CASIMIR, puis PALMYRE.

CASIMIR *(très agité).* Elle... Aglaé... épouse le marquis d'Harville... c'est impossible... oh! il faut à tout prix que je sache... *(S'arrêtant.)* Et mon père, qui ne revient pas... et cette porte... que j'ai promis de garder...

PALMYRE *(sortant de son arrière-boutique et se dirigeant vers la loge).* Tiens, M. Casimir...

CASIMIR. Mademoiselle Palmyre!

PALMYRE. Y a-t-il longtemps que l'on ne vous a vu par ici... *(Changeant de ton.)* Ah! mais vous avez la figure toute bouleversée... je parie qu'il y a de la dame de cœur là-dessous... une trahison peut-être?

CASIMIR *(très agité).* Hélas oui!... croyez donc aux serments, car elle avait juré de n'être qu'à moi...

PALMYRE. Elles jurent toutes ça.

CASIMIR. Et elle va épouser le marquis d'Harville!

PALMYRE. C'est donc une grande dame?

CASIMIR. Du tout, une jeune fille vivant de son travail... ma voisine... qui habitait avec sa marraine, et à mon retour d'un petit voyage nécessité par mes affaires, il y a un mois, je trouvai une lettre d'elle m'annonçant son départ momentané de Paris, avec un de ses oncles, et me promettant une fidélité... dont voici le résultat...

PALMYRE. Mais elle a donc fait fortune?...

CASIMIR. Ce n'est que cela qui lui manquait, car elle est charmante...

PALMYRE. C'est un ange... connu...

CASIMIR. Mais l'espérance d'être marquise a fait oublier à mademoiselle Aglaé Meunier...

PALMYRE. Ah bah!... une petite... très gentille... ma camarade d'apprentissage... mais c'est honnête... vertueux... ça n'a qu'une parole...

CASIMIR. N'est-ce pas?

PALMYRE. Je suis sûre qu'on la tyrannise.

CASIMIR. C'est ce que je me disais...

PALMYRE. Et qu'elle vous aime toujours.

CASIMIR. Vous croyez...

PALMYRE. Mais je le verrai...

CASIMIR. C'est ça...

PALMYRE. Je lui parlerai...

CASIMIR. De moi...

PALMYRE. Je l'empêcherai d'épouser M. d'Harville..... contre lequel j'ai une certaine dent...

CASIMIR, *sautant au cou de Palmyre*. Oh! bonne Palmyre.

PALMYRE. Eh bien! M. Casimir.

CASIMIR. C'est de la reconnaissance.

PALMYRE. Si Annibal était là...

CASIMIR. Je l'embrasserais aussi. (*On frappe*.)

PALMYRE. Où puis-je la voir?

CASIMIR. Maintenant je ne sais pas. (*On frappe de nouveau.*) Mais elle doit venir dans cette maison aujourd'hui, avec son oncle qui doit lui présenter M. d'Harville...

PALMYRE. A merveille!.. je serai là... (*On frappe de nouveau.*) Ah ça! mais on frappe depuis une heure.

CASIMIR. Tiens, c'est juste... c'est moi qui suis le portier... (*Il entre dans la loge et tire le cordon.*)

SCÈNE XI.

LES MÊMES, AGLAÉ, LOMBARD.

LOMBARD. Entre toujours, Aglaé.

CASIMIR. C'est elle!..

PALMYRE (*bas à Casimir et le poussant dans la loge*). Ne vous montrez pas encore.

LOMBARD (*à la porte*). Voyons, cocher, avez-vous de la monnaie... (*A Aglaé qu'il pousse dans la cour.*) Attends-moi là un instant.

(*Aglaé entre, Lombard disparaît.*)

PALMYRE. Bonjour, Aglaé! Comment te portes-tu, depuis que nous ne nous sommes vues?

AGLAÉ. Palmyre, ma camarade d'apprentissage.

PALMYRE. Moi-même, toujours bonne fille, comme autrefois, quand nous étions dans le magasin de mademoiselle Delaborde... un peu rieuse... ne baissant pas trop les yeux... écoutant le petit mot pour rire... Dame! quand on tient un établissement, on éloignerait les clients si on faisait la prude...

AGLAÉ. Tu es établie...

PALMYRE. Dans la boutique de merceries à côté... je tiens un peu de tout... tu me donneras ta pratique... (*Changeant de ton.*) Ah ça! tu fais donc de la peine à M. Casimir...

AGLAÉ. Comment... tu sais...

PALMYRE. Tout... que tu vas épouser le marquis d'Harville...

AGLAÉ. Mais je ne veux pas, c'est mon oncle...

PALMYRE. Il faut lui résister.

AGLAÉ. Oh! oui... c'est que je n'ose pas... tais-toi, le voilà.

PALMYRE (*se sauvant dans son arrière-boutique*). Je te donnerai du courage.

LOMBARD (*entrant*). Tu n'auras pas un fichtre avec... comprend-on une éponge pareille à ce cocher qui, pour trouver de la monnaie, entre chez six marchands de vins et y engloutit six canons... qu'il me fait payer... et il me demande encore pour boire... Tonneau des Danaïdes, va... (*A Aglaé*) Ah ça! as-tu demandé M. d'Harville au portier?

AGLAÉ. Non, mon oncle, je vous attendais.

LOMBARD. C'est juste... hé! portier...

CASIMIR (*dans la loge*). Mon Dieu, quel embarras!

LOMBARD (*plus fort*). Allons donc, portier!

CASIMIR (*sortant de la loge et un peu embarrassé*). Monsieur, je...

LOMBARD. Oh! le beau portier! l'amour de portier!.. regarde donc, Aglaé...

AGLAÉ (*à part*). Casimir!.. est-il possible!

LOMBARD (*à part*). Il n'y a que les gens nobles pour avoir des portiers comme cela... (*Haut*) Monsieur le... (*A part*) Je ne sais sur quel ton lui parler... (*Haut*) Mon cher, M. le..... d'Harville est-il chez lui?

CASIMIR. Non, monsieur, il déjeune en face, au café des Étrangers...

LOMBARD. Ah! vraiment! ah! ce cher neveu... il se soigne...

CASIMIR. M. d'Harville... votre neveu...

LOMBARD. Il ne l'est pas encore... mais ça ne tardera pas... je lui donne cette grande fille-là...

AGLAÉ. Mon oncle...

LOMBARD. Oh! tu as beau dire... tu seras madame la marquise... c'est ma nièce, monsieur, ma seule parente, à laquelle je ne pensais plus depuis une vingtaine d'années... mais il y a quelques mois, ayant quitté mon commerce de toiles peintes... réalisé toute ma fortune... et m'ennuyant beaucoup... j'ai songé à elle... je l'ai prise avec moi... et je m'occupe à la doter, à la marier, à la lancer dans le grand monde...

AGLAÉ. Je vous assure, mon oncle...

LOMBARD. Et dès ce soir, tu y feras ton entrée... grâce au sous-préfet de mon arrondissement que j'ai rencontré en descendant de diligence... et qui

m'a fait cadeau d'un billet de bal... où je verrai, m'a-t-il dit... tout ce qu'il y a de mieux dans Paris...
CASIMIR, *regardant le billet.* Le bal du club, dont M. d'Harville est commissaire...
LOMBARD. Justement... je compte ne rien lui dire... et lui faire ce soir en arrivant la plus charmante surprise...
CASIMIR. Et vous voulez aller là, avec mademoiselle?
LOMBARD. Certainement... Je désire lui donner tout de suite une idée des grandes manières qui seront les miennes désormais, car je veux devenir un... machin... comment dit-on ça?.. Un ours... non, un lion...
AGLAÉ. Mon oncle, le voyage m'a fatiguée, et ce bal...
LOMBARD. Tu iras... et déguisée... car la clause est de rigueur... Comment diable me mettrai-je?.. Je me sens un faible pour le polichinelle... qui me semble assez gracieux... Quant à toi, Aglaé, j'ai ton affaire, on m'a parlé d'un costume de tableau vivant... Nous essaierons tout ça... viens retrouver d'Harville...
AGLAÉ. Mon oncle, il n'est peut-être pas très convenable, que j'entre ainsi... dans un...
LOMBARD. Tu as raison... mais je ne peux pas te laisser là, au milieu de la cour...
AGLAÉ, *désignant l'arrière-boutique de Palmyre.* Vous me reprendrez dans ce magasin de merceries, où je ferai quelques emplettes...
LOMBARD. C'est cela... (*A Casimir.*) Au revoir monsieur le... (*A part.*) Si je lui offrais quarante sous... mais je n'ose pas... il est vraiment trop bien mis... (*Haut.*) Voulez-vous avoir l'extrême bonté de me tirer le cordon.
PALMYRE (*bas à Aglaé qui s'approche de la porte de l'arrière-boutique.*) Très bien... causez ensemble... Je vais m'assurer que ton oncle entre dans le café. (*Elle ferme la porte de l'arrière-boutique, et Lombard sort vivement par la porte-cochère.*)

ENSEMBLE.

Air : *Que veut-il donc faire.* (Koch et Luc.)

LOMBARD.
Pour moi, quelle ivresse !
Grâce à ma richesse,
Oui, de la noblesse,
Tu seras dans peu,
Le marquis, ma chère,
Qui saura te plaire,
Deviendra, j'espère,
Bientôt mon neveu.

PALMYRE, *à part.*
Grâce à sa richesse,
Il croit que sa nièce
Parmi la noblesse
Comptera dans peu.
Bravant sa colère,
Par mon ministère,
Il aura, j'espère
Un autre neveu.

CASIMIR, *à part.*
Grâce, etc.
Il veut, etc.
Parmi, etc.
Se compte dans peu !
Bravant sa colère,
Faisons-lui la guerre,
Il aura, j'espère
Un autre neveu.

AGLAÉ, *à part.*
Ah ! quelle tristesse !
Grâce à sa richesse
Si, dans la noblesse
Je compte dans peu.
Malgré sa colère,
Mon oncle, j'espère,
Prendra, pour me plaire
Un autre neveu.

SCÈNE XII.
AGLAÉ, CASIMIR.

AGLAÉ. Vous, ici, M. Casimir..... dans cette loge... c'est une ruse, vous saviez que j'allais venir, et...
CASIMIR. Non, Mademoiselle, je suis ici chez mon père... je suis le fils de M. Morel, concierge de cette maison.
AGLAÉ. Comment?
CASIMIR. Cela vous humilie... une union avec moi vous paraît impossible...
AGLAÉ. Oh ! pour vous prouver le contraire, je vous épouserais tout de suite..., si je ne dépendais pas de mon oncle qui a des idées de grandeur... de noblesse...
PALMYRE. (*Qui a écouté les derniers mots, et sort de son arrière-boutique.*) Dont je le guérirai...
CASIMIR. Il faut lui résister, refuser d'aller à ce bal où il rencontrerait M. d'Harville...
PALMYRE. Au contraire.
CASIMIR. Mais...
PALMYRE. Vous... vous irez aussi... mais il faudrait vous procurer un billet.
CASIMIR. J'en ai un que M. d'Harville m'a offert lui-même, mais que voulez-vous faire ?
PALMYRE. Votre bonheur d'abord... et montrer à M. d'Harville, de quel bois je me chauffe...

SCÈNE XIII.
LES MÊMES, D'HARVILLE, LOMBARD.

LOMBARD (*en dehors*). Passez donc.
D'HARVILLE. Mais non, après vous...

PALMYRE. Ce sont eux. (*Palmyre se met à l'écart. Casimir se retire du côté de la loge, et Aglaé reste éloignée d'eux.*)

LOMBARD. Ma nièce est entrée là dans cette boutique.

D'HARVILLE. Ah! chez la petite mercière.

PALMYRE (*à part*). L'insolent.

LOMBARD (*voyant Aglaé*). Te voilà... Glé... Glé... je te présente ton futur... M. le marquis d'Harville.

D'HARVILLE (*s'inclinant*). Mademoiselle...

AGLAÉ (*faisant la révérence*). Monsieur!..

D'HARVILLE (*à Lombard*). Elle est ravissante... (*A part.*) et riche; allons ça fait passer sur l'oncle. (*A Aglaé.*) Mademoiselle me permettra-t-elle de lui offrir ma voiture?..

PALMYRE (*à part*). Oh! son locati!..

D'HARVILLE. Pour lui montrer, sur nos boulevarts, nos joyeuses marcarades.

AGLAÉ. Mille remerciements, Monsieur, mais, nous ne faisons que d'arriver, et...

LOMBARD. C'est juste, il faut te ménager pour notre bal de ce soir...

D'HARVILLE. Vous avez un bal?..

LOMBARD (*à part*). Dissimulons... (*Haut.*) Sans grande importance... chez un vieil ami à moi; et vous...

D'HARVILLE. Oh, moi... une fête de fondation...

LOMBARD. A grande étiquette...

D'HARVILLE. Justement...

LOMBARD (*à Aglaé*). Il faudra joliment nous observer.

PALMYRE (*à Lombard*). Si Monsieur a besoin de costumes... je peux lui fournir ce qu'il y a de mieux, ainsi que pour Mademoiselle.

AGLAÉ (*à Lombard*). C'est la mercière chez qui je suis entrée en vous attendant.

D'HARVILLE. Et elle est très accommodante...

PALMYRE (*à part*). Vraiment!..

LOMBARD. Eh bien... nous allons voir ça... En quoi pourrais-je bien me déguiser?

~~~~~~

SCÈNE XIV.

LES MÊMES, MOREL, VERNISKI, FOSTER, ANNIBAL.

ANNIBAL (*arrivant par le fond*). Bon, la voilà encore dans la cour à bavarder au lieu d'être dans sa boutique. (*Haut.*) Palmyre.

PALMYRE. Laissez-moi je fais du commerce.

ANNIBAL. Je ne sais pas quel commerce elle fait, celle-là..... (*Il lui donne deux morceaux de sucre et un croquet.*)

MOREL (*qui est entré peu-à-près Annibal, et qui s'est approché de Casimir qui s'est tenu près de la loge*). Bravo! les provisions sont achetées, du veau superbe!

LOMBARD. Si je me mettais en page... que prenez-vous ordinairement, vous? d'Harville?

D'HARVILLE. Un costume simple et de bon goût...

VERNISKI à *d'Harville*. M. le marquis... je crois avoir découvert de certaines bottes...

FORSTER (*de même*). Et moâ... un hapit...

LOMBARD. Hein?

D'HARVILLE (*vivement*). Rien... (*Bas à Verniski et à Forster.*) Portez ça chez moi, imbéciles...

VERNISKI et FORSTER (*à part avec colère*). Est-il malhonnête...

ANNIBAL (*à Palmyre*). Palmyre, je vous conduirai au bal... de bonne heure... parce qu'il faut que j'aille surveiller le buffet d'une fête que papa a entreprise avec plusieurs autres limonadiers... et puis ma garde que j'oubliais... depuis ce matin j'ai déjà changé quatre fois de costume... si je sais comment je m'en tirerai...

PALMYRE. Ne vous gênez pas, j'irai sans vous...

ANNIBAL. Je ne veux pas...

D'HARVILLE (*qui a continué à causer avec Aglaé et Lombard, et saluant*). A demain donc... nous nous reverrons...

LOMBARD. Oui... (*A part et riant.*) Cette nuit.

CASIMIR (*bas à Aglaé*). A cette nuit.

MOREL (*à Verniski et à Forster*). A cette nuit.

ENSEMBLE.

Air : *des Fêtes de Bacchus.*

Du Carnaval, le règne avance,
Ses beaux jours
Sont toujours
Trop courts!
Fêtons sa fin qui commence
Par de gais discours.

ANNIBAL à PALMYRE.

A présent, je ne veux
Plus vous quitter des yeux.

PALMYRE.

Laissez-moi, c'est par trop se montrer soupçonneux!

ANNIBAL, *à lui-même et furieux.*

Au violon, cette nuit,
Que ne puis-je sans bruit,
La mettre enfin,
Jusqu'à demain,
Demain matin.

REPRISE.

Du Carnaval, etc. etc.

(*Morel et Casimir entrent dans la loge. Foster et Verniski suivent d'Harville chez lui. Palmyre Aglaé et Lombard vont pour entrer dans l'arrière-boutique. Annibal va pour sortir par le fond. Aglaé et Casimir se font des signes.*)

FIN DU PREMIER ACTE.

ACTE DEUXIÈME.

Le théâtre représente un petit salon, attenant à la grande salle du bal. — A droite un buffet garni de rafraîchissements gâteaux, etc.

SCÈNE PREMIÈRE.

ANNIBAL *(entrant vivement et achevant de mettre son tablier).* Il n'est pas possible.. je me suis trompé..... ce n'est pas Palmyre que j'ai aperçue sortant de sa boutique... et déguisée en laitière suisse... elle tournait le dos au bal du père Morel... et je n'ai pu la suivre... il m'a fallu venir ici servir les rafraîchissements du bal de M. d'Harville. Cependant c'est bien sa tournure... Oh! oui, je le sens aux tic-tacs furibonds de mon cœur... cette suissesse, c'était la perfide.

SCÈNE II.

ANNIBAL, CASIMIR.

CASIMIR *(costumé en débardeur).* Je n'ai pas aperçu Aglaé dans le bal. Sans doute elle n'est pas encore arrivée.

ANNIBAL. Tiens, Casimir! toi sous ce costume?

CASIMIR. Que veux-tu? n'est-ce pas la mode.... ici... En carnaval, la bonne société met son plaisir à être mauvais ton par le langage et par le costume. Aussi, plus on est comme il faut, et plus on affecte de porter des travestissements qu'on appelle... chicards... témoins ceux qui ornent notre bal...

ANNIBAL. En effet, ils sont tous joliment mal mis...

CASIMIR. Mais, dis-moi donc, n'aurais-tu pas vu, par hasard, dans ce salon, une laitière suisse?

ANNIBAL. Palmyre...

CASIMIR. Avec un Espagnol?

ANNIBAL. Elle est avec un Espagnol! malheur à lui!

EN DEHORS. Garçon, servez les rafraîchissements.

ANNIBAL. Voilà! voilà!... Être forcé de désaltérer les autres, quand moi-même j'ai soif de vengeance.. *(Il prend un plateau et sort.)*

SCÈNE III.

CASIMIR *(seul).* Ce retard de M. Lombard m'inquiète... Aurait-il changé d'avis!... Mais non, je ne me trompe pas; c'est lui que j'aperçois donnant le bras à sa nièce... courons bien vite l'inviter. Je ne veux pas que, de toute la nuit, elle danse avec un autre que moi... *(Il sort par la droite.)*

ANNIBAL *(entrant par la gauche avec ses plateaux vides).* Ah! comme c'est gentil! Pendant que j'avais les mains embarrassées de mes plateaux, M. de Montbrun s'est amusé à me faire des moustaches... Dieux! que ces grands seigneurs sont voyoux. *(Il va au buffet, arrange ses plateaux et enlève ses moustaches faites au noir.)*

SCÈNE IV.

LOMBARD *(est costumé en Espagnol.)*

LOMBARD *(entrant par la droite, et à la cantonade.* Danse, mon enfant, danse... le bal n'a pas été inventé pour autre chose. Me voici donc à ce grand bal du club; dans le sanctuaire de l'élégance, du bon ton. Mais je n'ai pas bien compris ce monsieur auquel je demandais la salle de bal et qui m'a répondu du flanc... Qu'est-ce que ça peut vouloir dire... du flanc... c'est peut-être un mot à la mode... qui se dit dans la haute société... le premier que j'aperçois... je lui dirai ça... Allons entrons. Vais-je voir de brillants costumes, entendre une conversation choisie... spirituelle.

(Cris en dehors.)

LOMBARD, *(étonné.)* Qu'est-ce qui beugle de cette façon-là?

ANNIBAL. Ah! voilà les gentilshommes qui s'amusent.

LOMBARD. Et quels accoutrements, on pourrait se croire dans un bastringue.

ANNIBAL. Mes verres sont rincés, maintenant soyons tout à la jalousie et à la vengeance *(apercevant Lombard).* Un Espagnol!... serait-ce mon odieux rival... rusons un peu. *(A Lombard.)* M. le déguisé.

ANNIBAL. Auriez-vous par hasard aperçu dans le bal, une laitière suisse avec un espagnol...

LOMBARD. Un très-bel espagnol même.

ANNIBAL *(à lui-même).* Il se trouve beau, le laidron *(haut)*! et où sont-ils?

LOMBARD. La laitière est là-bas... qui polke... et l'espagnol est devant vous...

ANNIBAL. *(A part.)* Il ose me l'avouer. *(haut)* Ah! c'est vous... qui êtes venu avec elle... la laitière suisse?

LOMBARD. C'est moi...

ANNIBAL. Qui l'avez accompagnée?
LOMBARD. Eh! oui...
ANNIBAL. Ah! vieux gredin!
LOMBARD (criant). A la garde...
ANNIBAL. C'est moi! la garde.

SCÈNE V.
LES MÊMES, D'HARVILLE.

D'HARVILLE (costumé en chicard de Gavarni, arrivant par le fond et les séparant). On se dispute.
ANNIBAL. M. d'Harville.
D'HARVILLE. Eh bien, oui, c'est moi...
LOMBARD (très surpris). Ah bath... sous ces guenilles...
D'HARVILLE. Hein...
LOMBARD. Cet homme mis, comme je ne sais quoi... c'est le marquis d'Harville...
D'HARVILLE. Ah çà, qu'est-ce que c'est donc que ce vieux troubadour là... ah mon Dieu... mon futur oncle... M. Lombard... (à Annibal.) Comment drôle, tu t'es permis...
ANNIBAL. Il s'est bien permis de chercher à me souffler mon amante.
LOMBARD. Moi... est-ce que je pense encore à ces choses-là...
D'HARVILLE. Allons va-t-en...
ANNIBAL. Je m'en irai si je veux, mais je le veux... (à part.) Il faut que je retrouve Palmyre... cette coupable laitière... et si elle ne m'explique pas ses relations avec l'Espagne... malheur à toi... vieil hidalgo. (Il sort vivement par le fond.)

SCÈNE VI.
LOMBARD, D'HARVILLE.

LOMBARD (examinant le costume de d'Harville). C'est ça que vous appelez un costume simple et de bon goût?...
D'HARVILLE. Il est de fantaisie.
LOMBARD. Et pas cher.
D'HARVILLE. Ah! ça, mon cher M. Lombard, pourquoi ne m'avoir pas prévenu ce matin?...
LOMBARD. Je voulais vous intriguer mon gaillard... et je vous cherchais...
D'HARVILLE. J'arrive à l'instant... mais quelle idée singulière avez-vous eue de venir ainsi seul...
LOMBARD. Mais du tout... ma nièce est ici...
D'HARVILLE. Ah! bath! où donc?

SCÈNE VII.
LES MÊMES, CASIMIR.

CASIMIR (accourant). Où peut-elle être passée, c'est très inquiétant, ah! M. Lombard... l'avez-vous vue.
LOMBARD. Qui, le bœuf-gras?... Il est magnifique.
CASIMIR. Eh! non votre nièce...
LOMBARD. Mais c'est vous qui dansiez avec elle à l'instant...
D'HARVILLE. Que vous est-il donc arrivé...
CASIMIR. Tout-à-l'heure... dans un galop... tranchons le mot, dans une bousculade...
LOMBARD. Comment... on se bouscule ici... (A d'Harville). C'est donc encore bon genre ça!
D'HARVILLE (impatienté). Eh! c'est tout ce que vous voudrez.
CASIMIR. Je me suis tout-à-coup trouvé séparé d'elle... et malgré mes efforts impossible de la rejoindre...
D'HARVILLE. Allons! bien! voilà ce que je craignais. (A Lombard). C'est votre faute aussi...
LOMBARD. C'est plutôt la vôtre!... pourquoi dans vos bals, vous bousculez-vous comme des Auvergnats...
D'HARVILLE. Oh! je la retrouverai... il le faut... et malheur à celui dont elle aura à se plaindre... une jeune fille si timide... si sage. (A Lombard). Est-ce que ça s'amène ici...
LOMBARD. Est-ce que les bals ne sont pas faits pour les jeunes filles...
D'HARVILLE. Eh! il y a bal... et bal...
CASIMIR. Et jeune fille... et jeune fille!...
LOMBARD. Mais ce n'est donc pas bien composé ici...
D'HARVILLE (sortant vivement). Eh si! raison de plus...
LOMBARD. Comment raison de plus, est-ce que la bonne société serait plus dangereuse que la mauvaise. (Il sort à droite en criant). Aglaé!... Aglaé!...

SCÈNE VIII.

CASIMIR. Oh! il faut à tout prix que je la retrouve quand je devrais mettre sens dessus dessous tout le bal... encore une polka échevelée... que vois-je! c'est elle, mais oui, c'est bien elle... qui polke... allons donc, j'y vois mal, c'est impossible.

SCÈNE IX.

CASIMIR, MONTBRUN costumé en sauvage d'après Gavarni, MASQUES, PALMYRE masquée.

CHŒUR.

Air de M. Oray.
Vive la polka,
La mazourka,
La redowa!!
Tant que l'on vivra

On valsera,
On sautera,
On Polkera.

PALMYRE, *passant d'un cavalier à un autre.*
Allons donc beau cavalier,
A votre tour de briller.
(*Elle passe à un autre.*)
Bon, maintenant c'est à vous.
Avec moi pas de jaloux.
(*A Casimir.*)
Et vous qui boudez ici,
Avec moi polkez aussi.

CASIMIR.
Je suis tout abasourdi,
De ce ton leste et hardi.

MONTBRUN.
Elle est vraiment ravissante,
Quelle femme séduisante!
Ah! tant de charmes m'enchante,
Qui de nous l'emportera?

PALMYRE.
Choisir est une folie,
Quand on est jeune et jolie
On n'excite pas d'envie,
Quand de l'un à l'autre on va.

MONTBRUN.
Qu'un seul de nous soit heureux,
Allons, cédez à mes vœux,
Le plaisir n'en vaut que mieux,
Quand on le partage à deux.

REPRISE DU CHŒUR.

Vive la polka,
La mazurka, etc.

CASIMIR (*bas à Palmyre*). Ah! Aglaé... une telle inconséquence...

PALMYRE (*levant vivement son masque*). Ne vous tourmentez donc pas, jaloux.

CASIMIR (*à part*). Palmyre!..

PALMYRE. Mais on étouffe ici... de grâce... une glace... un rafraîchissement quelconque.

MONTBRUN. Et ce buffet qui est complètement dégarni... limonadier!

TOUS (*criant en sortant*). Des glaces!

MONTBRUN. Des sorbets... du punch... pour la reine du bal... je reviens à l'instant, ravissante polkeuse. (*Il sort en courant.*)

SCÈNE X.

PALMYRE, CASIMIR.

CASIMIR. C'est vous... vous, Palmyre...

PALMYRE (*se démasquant*). C'est moi, Palmyre, votre amie... que vous regardez peut-être comme une franche coquette. Eh bien, vous avez tort... car on peut être une honnête fille et une danseuse déterminée.

CASIMIR (*vivement*). Oui, ma bonne Palmyre... oui, certainement... mais Aglaé...

PALMYRE. Ce genre de bal ne me fait pas l'effet de lui convenir beaucoup...

CASIMIR (*vivement*). Oh! vous avez raison...

PALMYRE. Tout-à-l'heure, les manières de ces messieurs l'avaient effrayée... elle cherchait en vain à sortir d'un énorme galop monstre... au moment où j'arrive sous ce costume semblable au sien que j'avais mis en réserve dans ma boutique, je la pousse vivement dans un cabinet qui doit donner sur ce salon, je me substitue à sa place et je galope pour elle.

CASIMIR. Que vous êtes bonne, et combien je vous remercie... mais qu'espérez-vous, quels sont vos projets?

PALMYRE. Je veux, en prenant la place de votre Aglaé, me venger de M. d'Harville et lui faire refuser ce mariage.

CASIMIR. A merveille, je comprends... mais Aglaé ne peut alors rester ici plus longtemps.

PALMYRE. Certainement.

CASIMIR. Qu'allons-nous en faire?

PALMYRE. Il faut qu'elle se rende à l'instant même auprès de votre père, à notre bal qui se donne à mon ancien domicile.

CASIMIR. C'est cela... je vais y conduire Aglaé.

PALMYRE. Un instant, mon cher, mazette... reconduire une jeune fille... la nuit... quand on l'aime surtout... vous pourriez aller trop loin, et les convenances donc...

CASIMIR. Vous croyez que les convenances...

PALMYRE. Il nous faudrait quelqu'un sans conséquence, un imbécile!

SCÈNE XI.

LES MÊMES, ANNIBAL.

ANNIBAL. Palmyre!

PALMYRE. Annibal!

ANNIBAL. Elle... c'était donc bien elle. Ah!... vous voilà... ah! je vous retrouve à la fin des fins.

PALMYRE (*bas à Casimir*). Voilà notre affaire.

CASIMIR (*bas à Palmyre*). C'est juste...

ANNIBAL. Eh bien, vous en faites de belles, et des propres, vous.

PALMYRE. Moi...

ANNIBAL. Oui, vous! ah, vous venez au bal avec des vieux...

PALMYRE. Quels vieux?

ANNIBAL. Des vieux Espagnols, mais j'ai établi son compte, à ce Portugais...

PALMYRE (*à Casimir*). L'oncle d'Aglaé.

ANNIBAL (*qui n'a pas bien entendu*). Hein!... il s'appelle M. Aglaé... eh bien, qu'il fasse attention à lui; M. Aglaé.., si je le rencontre...

PALMYRE (*le calmant*). Voyons, calmez-vous... enragé que vous êtes...

ANNIBAL. A bas les mains, ne me tapotez pas les joues... elles ne vous appartiennent plus, et je vous défends d'écouter les sérénades de don Aglaé, car je suis sûr qu'il vous roucoule des séguedilles avec sa guitare...

PALMYRE. C'est convenu.

ANNIBAL. De plus, je vous ordonne de ne pas rester ici un quart de seconde de plus...

PALMYRE. Comme ça se trouve, c'était justement mon intention.

ANNIBAL. Pour aller où ?

PALMYRE. A notre bal de souscription, où sont tous nos amis... mais la nuit...... toute seule, dans les rues... j'hésitais... voulez-vous m'y conduire vous...

ANNIBAL. Hein ! il serait possible... vous m'acceptez pour votre cavalier...

PALMYRE. Oui...

ANNIBAL. Et vous plantez-là... l'Espagnol.. don Aglaé...

PALMYRE. *Plus fort.* Oui...

ANNIBAL. Ah bigre... 2 heures du matin... je devrais être au poste pour relever les factionnaires, ma foi je les releverai demain matin, avec la garde... en avant, Palmyre, pas accéléré...

PALMYRE. Un instant !... vous ne pouvez pas sortir comme cela...

ANNIBAL. C'est juste... en veste ronde de garçon de café... je vais quitter ce costume rafraîchissant... j'ai mon paquet au vestiaire... rien qu'une seconde et je suis à vous... (*Il sort vivement.*)

~~~~~~~~~~~~~~~~~~

SCÈNE XII.
CASIMIR, PALMYRE, AGLAÉ.

PALMYRE (*ouvrant un cabinet à gauche.*) Aglaé... Aglaé... sors donc vite... on va t'emmener d'ici...

AGLAÉ. Qui donc, M. Casimir ?

PALMYRE. Oh ! non pas, un autre... allons n'aies pas peur, c'est mon amoureux... il n'y a rien de moins dangereux que lui... je t'en réponds...

AGLAÉ. M'éloigner d'ici sans mon oncle...

CASIMIR. Ne craignez rien... je veillerai sur lui... et d'ailleurs, avant la fin de la nuit, nous irons vous rejoindre...

AGLAÉ. Mais où me conduisez-vous ?

PALMYRE. Dans un petit bastringue, bien modeste...

AGLAÉ (*effrayée.*) Un bastringue.

PALMYRE. Moins dangereux, que certains bals, et où vous trouverez un M. Morel, père d'un nommé M. Casimir, qui ne badine pas sur les mœurs, je t'en réponds. Annibal ! (*elle se jette dans le cabinet en disant*): Tu deviens Palmyre, et moi je suis Aglaé (*Aglaé se masque*).

SCÈNE XIII.
LES MÊMES. ANNIBAL.

ANNIBAL (*il a un pantalon d'arlequin avec un petit manteau.*) A force de me dépantalonner, j'en ai perdu un..., celui d'uniforme... je voulais me mettre en caporal pour vous reconduire, Palmyre, parce que c'est plus imposant... mais... il n'y a pas... de... pantalon... grâce à mon collet, je serai encore très respectable... et si nous rencontrions quelque... pochard... ne craignez rien, j'ai ma batte... Sangodémi !

CASIMIR. Mais, partez donc....

ANNIBAL. Oui ne musardons pas, prenez mon bras et en avant, marche... du pied gauche... ou du droit, comme vous voudrez... mais ça se dit au corps-de-garde !...

AGLAÉ (*lui donne le bras.*)

CASIMIR. Au revoir chère Palmyre...

AGLAÉ (*déguisant sa voix.*) Au revoir...

ANNIBAL. Bon... nous ne sommes plus ensemble... je la tiens donc sous mon bras... là... et je l'arrache à ce sanctuaire... badin... (*il sort par la droite avec Aglaé qu'il tient sous le bras.*)

PALMYRE (*sortant du cabinet en riant*). A merveille, le tour est fait, ce pauvre Annibal !

CASIMIR (*regardant à gauche*). Voici ces messieurs qui reviennent chargés de rafraîchissements.

PALMYRE (*se masquant*). Allons de l'adresse !

~~~~~~~~~~~~~~~~~~

SCÈNE XIV.
CASIMIR, PALMYRE, MONTBRUN, JEUNES-GENS.

MONTBRUN (*écartant les autres.*) Messieurs, je réclame l'honneur de servir le premier notre ravissante polkeuse.

PALMYRE. J'accepte des deux mains.

MONTBRUN. Elle est charmante.

TOUS. Adorable !

MONTBRUN. J'espère, belle polkeuse, que vous ne serez pas assez inhumaine pour garder encore cet odieux masque, et que vous nous montrerez votre joli visage...

PALMYRE (*se démasquant.*) Pourquoi pas !... d'autant plus que c'est très gênant.

MONTBRUN. Charmante, d'honneur...

PALMYRE. Vous trouvez ? Eh bien, vous n'êtes pas le premier.

MONTBRUN (*bas à Casimir*). Elle n'est pas bégueule.

CASIMIR (*riant sous cape*). Il s'en faut !

MONTBRUN. Mais je ne me trompe pas ; c'est la première fois, gracieuse laitière, que je vous vois parmi nous. Et cet Espagnol, avec lequel vous êtes arrivé est votre... cavalier...

PALMYRE. C'est mon oncle.. M. Lombard.

MONTBRUN (*se souvenant*). Lombard... attendez-

donc... est-ce que vous seriez là, jeune fille.
PALMYRE. Qui doit épouser le marquis d'Harville... tout juste...
MONTBRUN (ébahi). Est-il possible?...
PALMYRE (gaiement). Mais faites-moi donc raison, messieurs..... je suis toute seule à boire du punch... trinquons...
CASIMIR. A la charmante suissesse !
MONTBRUN. A la reine du bal !... (A part.) Mais elle boit ça comme du petit lait... c'est peut-être à cause de son costume... (Riant.) Ah! ah! et ce pauvre d'Harville qui ne se doute guère... (Haut) Comment diable en province avez-vous appris... à polker d'une manière aussi... échevelée.
PALMYRE. La province est généralement plus avancée qu'on ne le croit...
MONTBRUN. Il paraît qu'on y boit très bien du punch...
PALMYRE. Vous avez vu... et moi, je passe pour ne pas l'aimer... Mais on y fait tout aussi bien qu'à Paris et peut-être mieux... Tenez, pendant que M. Lombard et le marquis d'Harville sont loin d'ici, que nous sommes entre nous, je vais vous chanter une ronde de carnaval, et vous ferez tous chorus...
TOUS. Oui, oui.

PALMYRE.
Air : de M. Oray.
Du carnaval.
Voici le signal ;
C'est un bacchanal,
Horrible, infernal,
Dont les joyeux cris
Chassent de Paris
Les ennuis,
Les soucis,
Et voilà, mes amis,
Le carnaval à Paris
Oui, voilà, mes amis,
Le carnaval à Paris.

PREMIER COUPLET.
Voyez cette cohue
Qui se pousse se rue :
C'est à qui paraîtra
Au bal de l'Opéra.
L'amour prêche l'exemple
Dans ce palais, son temple,
Dont les dieux... de hasard
Sont Musard et Chicard.

REPRISE.
Du carnaval, etc.

DEUXIÈME COUPLET.
Vins de Beaune et d'Espagne,
De Bordeaux, de Champagne
Font sauter leurs bouchons
Cherchant d'autres prisons ;
Et les bouteilles vides,
Par des buveurs avides,
Trépassent en éclats
Avec le mardi-gras.

REPRISE.
Du Carnaval, etc.

TROISIÈME COUPLET.
Regardez ces bacchantes,
Le sein nu, grelottantes,
Le froid marbre leurs bras :
Elles n'y songent pas ;
Contre le vent, la neige,
La gaîté les protège
Leur devise, est saisir
A tout prix, le plaisir !

REPRISE.
Du Carnaval, etc.

SCÈNE XV.

LES MÊMES, D'HARVILLE, LOMBARD.

PALMYRE. Dieu ! mon oncle.
LOMBARD (accourant et criant). Glé..... glé.... Qu'est-ce qui a vu ma nièce?...
PALMYRE (se remasquant). Me voilà... mon oncle !
D'HARVILLE. Enfin nous vous retrouvons.... (A Lombard.) Un foulard sur la tête, que vous est-il donc arrivé ?
LOMBARD. Ne m'en parlez pas! un débardeur m'a volé ma toque, et un paillasse ma perruque.
MONTBRUN (à part). C'est une farce qu'on lui a faite.
LOMBARD. Je savais bien que dans la bonne société on volait les chapeaux, mais les perruques, c'est trop fort... et mes basques, ils me les ont aussi escamotées... et mon manteau, ils l'ont rogné... Maintenant, je ne rentre plus dans ce maudit bal ; et toi, Gleglé, tu ne me quitteras plus. .. (Il la prend sous son bras.)
D'HARVILLE. Permettez-moi, mademoiselle, de veiller aussi sur vous.
PALMYRE. Si mon oncle y consent !...
LOMBARD. Quelle éducation, hein ?...
D'HARVILLE. Parfaite... il n'y a que la province pour ça.
MONTBRUN (à part et riant). Ils sont tous les deux à mettre sous verre...
D'HARVILLE. J'espère, messieurs, qu'aucun de vous ne s'est comporté avec mademoiselle d'une façon qui aurait pu blesser sa susceptibilité.
TOUS. Ah ! par exemple...
MONTBRUN. Pour qui nous prenez-vous, d'Harville... nous avons tout de suite vu, aux allures de mademoiselle comment il fallait en agir avec elle... elle est si timide.
CASIMIR. Si réservée.
D'HARVILLE. Qu'avez-vous donc, messieurs ? Pourquoi ce sourire?...

CASIMIR. Vous êtes dans l'erreur, je ne ris pas...

D'HARVILLE. Mais vous, Montbrun, vous avez toutes les peines du monde à vous empêcher d'éclater.

MONTBRUN (qui a son mouchoir sur sa bouche). Vous vous trompez, j'ai une dent qui me fait mal... une dent de sagesse qui ne veut pas percer...

D'HARVILLE (à lui-même). C'est étrange, ces rires étouffés... cet air goguenard... est-ce que la chère petite provinciale... serait plus de Paris que je ne le crois... ah! diable, attention!...

CASIMIR (à part). A merveille... sa future commence à l'effrayer.

LOMBARD (qui se trouve en face de Casimir). Ah!... (Allant à d'Harville.) Dites donc, il s'est faufilé ici un portier... tenez... là-bas... la blouse.

D'HARVILLE. Vous vous trompez, c'est un agent-de-change.

LOMBARD (stupéfait). Ah bah!... mais il m'a tiré le cordon ce matin, alors c'est une passion, probablement ou un vœu.

SCÈNE XVI.
LES MÊMES, ANNIBAL.

ANNIBAL. Je viens de déposer Palmyre au bal du père Morel, et maintenant je suis tranquille.

D'HARVILLE. Mademoiselle, j'espère que mon tour est arrivé, et que vous voudrez bien m'accorder la première contredanse.

ANNIBAL (apercevant Palmyre). Ah!... la voilà!... ah! ça elle est donc revenue en ballon...

PALMYRE. Mais, monsieur, je ne sais si je dois...

LOMBARD. Tu ne peux pas refuser... un futur époux...

PALMYRE (à part). Annibal!... quelle occasion. (Haut.) Mon époux, monsieur ne l'est pas encore...

D'HARVILLE. Comment, vous me refuseriez?...

PALMYRE. Je le devrais peut-être... car une femme avec vous a beaucoup à craindre...

D'HARVILLE. Avec moi, par exemple...

ANNIBAL (à part). C'est sa voix... c'est elle...

PALMYRE. Chacun cite vos bonnes fortunes... je ne sais qui m'a parlé d'une de vos dernières intrigues avec une jeune fille jusqu'alors sage...

ANNIBAL (à part). Ce n'est pas elle!

D'HARVILLE. Comment!...

CASIMIR (à Palmyre). C'est drôle, Glé... Glé... comme le masque change la voix; il est vrai que tout-à-l'heure j'ai mis un faux nez, je me parlais, et je ne me reconnaissais plus...

D'HARVILLE. De grâce, expliquez-vous...

PALMYRE. Mais vous savez bien cette petite grisette, dont vous avez été l'amant...

LOMBARD. Ah! bah!...

D'HARVILLE. Mais non...

PALMYRE. Mais... une petite mercière... assez évaporée, dit-on...

ANNIBAL (à part). C'est elle...

PALMYRE. Nommée Palmyre... je crois.

D'HARVILLE. Je jure sur l'honneur que je n'ai jamais eu le droit de douter de la vertu de mademoiselle Palmyre... elle a repoussé tous mes hommages...

PALMYRE (à part). Allons donc.

ANNIBAL. Ouf!... j'ai deux kilos de moins sur la poitrine!... (Il va à Palmyre.) Ah! chère Palmyre.

PALMYRE. Qu'est-ce que c'est que cet imbécile là...

ANNIBAL. Ce n'est pas elle...

D'HARVILLE. A présent, vous ne pouvez plus me refuser la contredanse que je vous ai demandée?

MONTBRUN. Mademoiselle préférait peut-être une polka ou même un cotillon...

D'HARVILLE. Comment, mademoiselle polke?

MONTBRUN. Fort agréablement.

CASIMIR. Et elle vide un verre de punch avec une grâce...

D'HARVILLE. Elle boit du punch?

LOMBARD. Miséricorde!...

ANNIBAL. Palmyre se serait allumée.

MONTBRUN. Et pour chanter une ronde de carnaval, elle n'a pas sa pareille!...

D'HARVILLE. Est-il possible. Est-ce que ce serait une vertu de second ordre...?

PALMYRE. Eh mon Dieu! ma conduite n'est-elle pas toute naturelle... une nuit de mardi-gras.

D'HARVILLE (à part). Je tâcherai de vérifier le degré de sa sagesse...

MONTBRUN (à part). Cette petite me regarde avec un œil... si je pouvais obtenir un rendez-vous.

MONTBRUN (bas à Palmyre). Il faut que je vous parle...

PALMYRE (bas). Tout-à-l'heure, dans le bal... (Elle lui fait signe de garder le silence, Montbrun s'éloigne).

MONTBRUN. Voici l'orchestre qui annonce une polka. La main aux dames.

PALMYRE (à d'Harville qui s'avance vers elle et lui offre la main). Vous ne m'en voulez donc pas.

D'HARVILLE. Encore un peu cependant... il me faut une explication.

PALMYRE. Je vous la donnerai.

D'HARVILLE. Sans témoins.

PALMYRE. Un tête-à-tête, après tout, nous sommes presqu'époux, il n'y a pas d'inconvénient.

D'HARVILLE. C'est une vertu de troisième ordre.

(Tout le monde polke et sort sur le chœur.)

ENSEMBLE.
Air :
Vive la polka!
La mazurka!
La redova,
Tant que l'on vivra,
On polkera,
On sautera.

FIN DU SECOND ACTE.

ACTE TROISIÈME.

Une pièce modestement meublée, des chandelles, placées dans des bobèches en fer-blanc, sont appliquées au mur. Portes latérales, etc.

SCÈNE PREMIÈRE.

MOREL, FORSTER.

MOREL (*en polichinelle*). Servez des rafraîchissements : aux dames du cidre... et des marrons ; et aux messieurs, de l'eau rouge et de la galette.
FORSTER (*en chévalier du moyen-âge*). Ah ! le choli pal ! et quel orguestre... mélotieux... une glarinette et le tampour de notre gombagnie...
MOREL. Je rends justice à la société..., personne ne s'est permis le moindre cancan.
FORSTER (*un peu ému*). Il n'y a bas eu un seul bochard!...
MOREL. Eh ! je ne sais pas trop, vous avez le nez diablement rouge, papa Forster.
FORSTER. Oh ! non... c'est son gouleur hapituel. Ah ! ça, votre fils Gasimir ne vient donc bas ?
MOREL. Il sera ici pour le souper, soyez tranquille... c'est lui qui le paie et qu en fera les honneurs.

SCÈNE II.

LES MÊMES, VERNISKI, *puis* AGLAÉ.

VERNISKI (*accourant en marquis*). Père Morel, père Morel...
MOREL. Eh ! bien, me voilà... qu'est-ce qu'il y a ?..
VERNISKI. Il y a, père Morel, que nous sommes tous démasqués ici, n'est-ce pas ?..
FORSTER. Oui... Moi, chai fourré mon nez dans le boche de mon bantalon... il me chênait.
VERNISKI. Eh ! bien... il n'y a qu'une seule personne, mademoiselle Palmyre, la celle à Annibal, qui depuis qu'elle est arrivée, s'obstine à garder son loup... (*Mystérieusement.*) au point que l'on croit que ce n'est pas elle.
MOREL et FORSTER. Ah ! bah !..
MOREL. Oh !.. oh !.. il faut voir ce qu'il en retourne... est-ce qu'Annibal se serait permis d'introduire chez nous... un rat !..
VERNISKI. C'est que ça ne nous botterait pas !
MOREL. Tout le monde doit montrer ici... son profil...
VERNISKI. Tenez, la voilà qui se promène toujours avec son masque sur la figure.
MOREL. Je vais lui parler de la bonne encre... et sévir, si les mœurs l'exigent. (*S'avançant vers Aglaé*). Mademoiselle... ou Madame...
AGLAÉ (*timidement*). Monsieur...

MOREL. Nous sommes tous des connaissances ici, et il n'est pas d'usage de garder son masque aussi longtemps que ça.
AGLAÉ (*à part*). Ah ! mon Dieu !..
TOUS. Oui, oui, à bas le masque !
AGLAÉ. Monsieur... de grâce... laissez-moi encore...
MOREL. C'est impossible... Mais ôtez-le donc Palmyre... vous êtes reconnue, car vous êtes bien vous, n'est-ce pas ?..
AGLAÉ. Mais, si je...
MOREL. On dirait que ce n'est pas sa voix... (*A Verniski.*) J'ai peur que soit une... Boule-Rouge. (*A Aglaé.*) Allons, vite... plus de cérémonies... une... deux... trois... le masque en bas !
AGLAÉ. Puisque vous l'exigez... (*Elle se démasque.*)
TOUS. Ce n'est pas Palmyre !
MOREL. Qui êtes-vous, jeune inconnue ?..
AGLAÉ. Monsieur Morel...
MOREL (*surpris*). Elle me connaît...
AGLAÉ. De grâce, permettez-moi de me mettre sous votre protection.
MOREL (*très surpris*). Elle me choisit pour son cavalier !..
AGLAÉ (*le câlinant*). Vous consentez, n'est-ce pas, mon bon M. Morel ?
MOREL. C'est comme ça que devaient s'exprimer les Syrènes, ces chanteuses des rues en pleine mer, qui entortillaient les voyageurs.
AGLAÉ. C'est convenu.
MOREL (*Aglaé le regarde avec prière*). Eh ! bien oui... je vous abrite sous ma bosse. D'ailleurs... ici, il n'y a rien à craindre... on ne vous dira pas un mot plus haut l'un que l'autre.
AGLAÉ. C'est vrai, j'ai déjà cru m'apercevoir...
MOREL. Que nous avons de la décence... et des gants... Les hommes ne disent pas de bêtises aux dames... ils les gardent pour eux.
FORSTER. Elle est très chentille !.. je lui brendrais pien mesure d'une amazone !
VERNISKI. Et moi, je voudrais la chausser.
MOREL. Ah ça, maintenant, mademoiselle, vous allez me dire qui vous êtes.
AGLAÉ. Je me nomme Aglaé Meunier.
MOREL (*tout-à-coup*). Ah ! à présent, je vous reconnais ! vous êtes cette jeune fille que mon fils m'a montrée ce matin dans la cour de notre maison, mademoiselle Aglaé Meunier, nièce de M. Lombard, le vieux qui vous accompagnait.
AGLAÉ. Oui, monsieur.
MOREL. Mais comment vous trouvez-vous seule ici, loin de votre oncle ?

AGLAÉ. Pour échapper aux persécutions auxquelles j'étais en butte, M. Casimir m'a fait quitter un bal où mon oncle m'avait conduite imprudemment, et j'ai été amenée ici par M. Annibal.

MOREL. Et votre oncle n'en sait rien?

AGLAÉ. Mon Dieu non!...

MOREL. Mais alors je ne dois pas me prêter à une intrigue arrangée peut-être par M. mon fils... il faut à l'instant même...

SCNE III.

LES MÊMES, CASIMIR.

CASIMIR (entrant vivement). Enfin, j'ai pu m'échapper.

TOUS. Casimir!

AGLAÉ. C'est lui!

MOREL. Ah! vous voilà, monsieur mon fils.

CASIMIR. Oui, mon père, mais qu'avez-vous donc?

MOREL. J'ai, Monsieur... j'ai... que... vous vous êtes très mal comporté... Pourquoi avez-vous enlevé mademoiselle?.. oui, enlevé! puisque vous l'avez fait quitter un bal où se trouvait son oncle...

CASIMIR. Je n'ai été guidé que par le désir bien naturel de soustraire mademoiselle aux dangers qu'elle pouvait courir.

MOREL. Tout çà, c'est pas des raisons; il fallait lui ouvrir l'œil, au père Lombard, et lui dire : Mon brave, vous êtes avec des noceurs, première qualité!... Croyez-moi, filez votre nœud... mais non, tu préfères lui rendre service en lui soufflant sa nièce... Est-ce qu'à force de te frotter au grand monde, t'en as pris tous les mauvais principes?... c'est que ça ne m'irait pas, vois-tu... et tout beau monsieur que t'es à présent, je ne me gênerais pas pour te forir fait.

CASIMIR (souriant). Vous vous trompez, mon père, je vous l'assure.

MOREL. Oh! mais je vais tout réparer, en reconduisant sur le champ la petite près de cet oncle, imprudent! je vais prendre mon carrik et je suis à vous!

CASIMIR. Nous vous attendons...

MOREL. Eh bien! c'est ça!.. un tête-à-tête... du tout, mon gaillard, tu vas venir avec moi, dans la salle de bal... tu feras les honneurs à ma place. (A Aglaé). Et vous, mon petit ange, entrez là dans ce cabinet; je vais venir vous reprendre tout-à-l'heure... Quant à vous autres, allez tricoter des jambes.

ENSEMBLE.

Air : *Pour rigoler, montons.*

A polker, à danser,
L'orchestre nous engage ;
Allons nous trémousser,
N'laissons pas, faut êtr' sage !
En allant en avant,
La morale en arrière,
Et n'pinçons pas l'cancan,
Ni la Robert-Macaire.

(*Casimir, entraîné par son père, fait des signes à Aglaé. Tout le monde sort en polkant.*)

AGLAÉ (*seule*). Oui, M. Morel a raison, j'ai eu tort de consentir... qu'est-ce que mon oncle va penser de moi?..

SCÈNE IV.

AGLAÉ, ANNIBAL.

ANNIBAL, *costumé en arlequin, entrant vivement par la gauche*). Une laitière!.. enfin! c'est elle, c'est bien elle... cette fois-ci!

AGLAÉ, *se masquant*. Quelqu'un!

ANNIBAL. N'aie pas peur... c'est ton Annibal... sous ce vêtement de Bergame!

AGLAÉ. Mais, Monsieur...

ANNIBAL. Je sais que c'est toi... le vieil espagnol... don Aglaé... m'a tout expliqué... à la seconde conversation manuelle que nous avons eue... que c'était sa nièce qui était là... près de lui, au bal du club... mon pas moi... le fait est que j'étais bien sûr de t'avoir amenée ici, et je t'y retrouve ma my... myre... (*Il lui prend la taille*).

AGLAÉ. Finissez...

ANNIBAL. Eh! bien, oui, mais appelle-moi ton loulou,.. ton arlequin chéri... je sais porter cet habit-là... je ne trouve rien de bête comme les gens qui prennent un costume et qui n'en ont pas les manières... Sangodomi! j'ai étudié toutes les nuances du caractère d'arlequin, et j'ai pris des leçons chez Laluyé, l'un des princes de la danse!

Air : *Anglais.*

Admire ma tournure,
L'allure
Si pure
Que dans chaque posture,
Nature
J'assure!
Contemple de mon geste
L'air leste
Et preste ;
Souris à l'air coquin
De ton tendre arlequin.

Comment me trouves-tu, hein?.. n'est-ce pas que j'ai l'air d'un arlequin, pour de vrai?.. Ah! ça, tu n'as eu à te plaindre de personne ici?.. on ne t'a pas manqué?

AGLAÉ. Oh! non...

ANNIBAL. Ça ne m'étonne pas... je connais la société d'ici... mais là-bas... en ont-ils fait... avec cette demo'selle Aglaé... Ah! la petite luronne!

AGLAÉ. Comment?

ANNIBAL. Il paraît qu'elle a bu comme un trou... et polké... à la Mogador...

AGLAÉ (à part). Ah! mon Dieu!

ANNIBAL. Et chanté des... machines libres.

AGLAÉ (à part.) Mais cette imprudente Palmyre m'a compromise en prenant mon nom...

ANNIBAL. Et le comble... voilà le comble!.. j'ai entendu... mais là... de mes deux oreilles... le marquis d'Harville lui rappeler un rendez-vous... qu'elle a accepté.

AGLAÉ (à part). Un rendez-vous!.. mais je suis perdue de réputation...

ANNIBAL (prenant le ton d'arlequin). My Myre... ôte donc ce vilain petit masque qui casse ta zolie figoure à Arlequin.

AGLAÉ (très vivement). Non, j'aime mieux le garder.

ANNIBAL (de même). Oh! cela fait bien de la peine à Arlequin... voilà qu'il va pleurer... ce pauvre Arlequin... hou! hou!

AGLAÉ. Ça m'est bien égal.

ANNIBAL (de même). I va se périr de sagrin... il va se noyer dans... un verre de vin...

AGLAÉ. Eh bien! allez-y... (à part.) Comment me débarrasser de ce garçon?..

ANNIBAL (s'éloignant). Oui, z'y vais... mais vous serez fâchée, quand je serai mort... (Revenant doucement derrière Aglaé, et détachant les cordons de son masque qui tombe.) N'est-ce pas?.. grand Dieu!..

AGLAÉ. Ciel!.. (Elle se sauve dans le cabinet.

ANNIBAL. Sangodémi!.. ce n'est pas ma fiancée, c'est une autre... mais alors c'est Palmyre qui est là-bas, et qui trompe son Arlequin de la façon la plus plate... mais je me vengerai, je les tuerai tous!.. Oh! qu'il va y avoir de crimes commis!.. Apprête-toi, ma petite cour d'assises!.. (Avec délire.) Arlequin, votre âge?.. votre domicile?.. vous êtes accusé d'avoir tué quinze polichinelles, trente-deux pierrots, et trois cassandres. (Tirant sa batte et d'un air féroce.) Eh bien! je ne suis pas satisfait, il faut que j'avale encore deux ou trois polichinelles...

SCÈNE V.
ANNIBAL, LOMBARD.

LOMBARD (arrivant tout essoufflé). C'est ici... ce doit être ici...

ANNIBAL. En voilà un... (Tombant sur Lombard à grand coups de batte.) Tiens, misérable... tiens, scélérat... ça me fait du bien...

LOMBARD. Aïe... aïe!..

ANNIBAL. Don Aglaé!

LOMBARD. Le limonadier... en arlequin! mais vous avez donc juré de m'éreinter aujourd'hui, vous!

ANNIBAL. Je vous demande pardon, je vous ai pris pour un autre; mais vous voyez un homme furieux, Monsieur...

LOMBARD. Vous en voyez deux, Monsieur... je veux un commissaire...

ANNIBAL. Je le suis.

LOMBARD. Vous!

ANNIBAL. Je suis commissaire du bal.

LOMBARD. Il me le faut de police. Je veux les faire arrêter tous, car je suis sûr qu'ils ne sont pas plus gentilshommes que moi... ils m'ont fait asseoir à une table où il y avait des cartes... ils m'ont fait dire un seul mot : Banco... et il paraît que j'ai perdu vingt mille francs...

ANNIBAL. Mais vous n'auriez pas dû dire l'ombre de Banco.

LOMBARD. Et puis, ils m'ont fait boire un tas de bonnes petites choses.

ANNIBAL (le poussant). Vieux soiffeur!

LOMBARD. Qu't'es bête... laisse donc... est-il bête, celui-là! et puis, il y avait des jolies femmes qui me faisaient des yeux... ah!..

ANNIBAL (même jeu). Vieux chauffeur!

LOMBARD. Est-il bête!...

ANNIBAL. Allons, allons...

LOMBARD. Non... ce serait que ne je le dirais pas... mais voilà le bouquet, ils m'ont changé ma nièce... elle a ôté son masque un moment, et je ne l'ai plus reconnue... J'ai crié... ils ont dit que j'étais gris, Monsieur... je suis sorti pour chercher un commissaire, et je ne sais pas comment ça s'est fait... il me semble qu'on me conduisait par la main, mais je me suis trouvé ici...

PALMYRE (qui est entrée sur les dernières paroles, et à part). A merveille, le voilà en sûreté...

ANNIBAL (à Lombard). Malheureux don Aglaé!..

LOMBARD. Mais ne m'appelle donc plus Aglaé, toi... ça me fait un drôle d'effet... c'est le nom de ma nièce!

ANNIBAL. Celle que vous avez crue votre nièce... c'était Palmyre...

LOMBARD (criant). Qu'est-ce que c'est que ça, Palmyre?

ANNIBAL (criant). Ce n'était pas Aglaé!

LOMBARD. Qu'est-ce qui me rendra mon Aglaé?

ANNIBAL. Et moi, qu'est-ce qui me rendra ma Palmyre.

ENSEMBLE.

Air:

AGLAÉ ET PALMYRE.
Nous voilà :
Bannissez toute crainte.

LOMBARD ET ANNIBAL.
Vous voilà
Maintenant, plus de plainte ;
Les voilà
Mon cœur en claquera.

ANNIBAL, ému.
O Palmyre! parle sa feinte,
Dis-moi c'qui s'est passé là-bas.

LOMBARD.
Allons, parle-moi sans crainte,
Qui donc t'enleva de mon bras?
PALMYRE.
Avec la franchis' qui m'distingue,
Je vous dirai, qu'pour éviter le mal
Et les dangers qui n'arrivent qu'au bal,
Nous avons dû nous sauver au bastringue.
Nous somm's ici dans un bastringue.

LOMBARD. Dans un bastringue!... miséricorde!... je suis dans un... ah! bien!... nous allons en voir de belles... puisque là-bas, nous étions dans un bal, et... Aglaé, venez ici, baissez les yeux, bouchez-vous les oreilles.

AGLAÉ (*souriant*). Ce n'est pas la peine, mon oncle...

SCÈNE VI.

LES MÊMES, MOREL, CASIMIR, VERNISKI, FORSTER, DANSEURS ET DANSEUSES (*entrant avec une grande décence*).

(*Suite de l'air précédent.*)

Nous voilà! (*bis*.)
Sans crainte
Et sans contrainte.
Ici l'on soupera;
Mais l'ordre y règnera.

MOREL (*à Aglaé*). Mademoiselle me voilà prêt, rendons-nous auprès de votre oncle.

LOMBARD. Qu'est-ce que c'est.

MOREL (*voyant le costume de Lombard*). Quel est cet homme si mal costumé?... Monsieur on ne se présente pas comme ça dans une réunion honnête... vous allez me faire le plaisir de gagner la porte...

LOMBARD (*à lui-même*). Le fait est que mon Espagnol a souffert...

AGLAÉ. Mais, c'est mon oncle!...

MOREL. Bah!

CASIMIR (*à Morel*). C'est M. Lombard!

MOREL. Pas possible!... entre nous, vous auriez dû vous mettre mieux que ça... enfin!

LOMBARD. Je vous assure qu'il était très propre...

MOREL. M. Lombard, permettez-moi de vous rendre votre nièce, dont vous vous êtes déjà emparé, et sur laquelle j'ai veillé comme sur la prunelle de mes yeux.

LOMBARD. Eh! bien... vous avez fait mieux que moi... ah! ça, mais je rêve... ce bon ordre, cet air de décence qui règne ici... ces costumes brillants... on m'a trompé, je suis ici dans un bal très distingué... ça doit être criblé de pairs de France, et on m'avait dit que j'étais au bast...

MOREL. Au bastringue, dites le mot... mais ce n'est pas le mot, qui fait la chose...

Air : *En vérité*.

Les fainéants, les paresseux
Qui cherch'nt par des moyens factices,
A donner l'essor à leurs vices,
Dans leurs amus'ments sont honteux.
C'est-là qu'est l'bastringue, il faut l'dire,
Et le bal... c'est où l'travailleur
Peut danser, chanter, boire et rire
Sans qu's̓a gaité fass' mal au cœur.

LOMBARD. Vous avez raison, je suis ravi, enchanté, enthousiasmé!... Ce n'est pas ici que l'on m'aurait déchiré mon espagnol... Messieurs, je veux vous donner une preuve de mon estime ; je viens de souper là-bas... avec les autres... j'ai énormément mangé... je m'en suis... ce qu'on appelle... fourré... eh! bien, je suis prêt à recommencer avec vous...

MOREL. C'est bien! ça!... touchez là, vous êtes des nôtres... vous serez à table entre moi... (*Montrant Casimir*): Et ce garçon-là...

CASIMIR (*s'inclinant*). Monsieur...

LOMBARD. Dieu!... (*Bas à Morel*). Il s'est glissé ici un intrus.

MOREL. Bah!

LOMBARD (*désignant Casimir*). C'est un agent de change...

MOREL. Oui, mais c'est aussi mon fils?...

LOMBARD (*ébahi*). Vraiment!... (*à lui-même*). Il me passe des portiers, des grands seigneurs, des agents-de-change devant les yeux... j'ai peur d'être gris comme trente-six mille hommes.

MOREL. Allons, à table!

TOUS.

Air : *de Lucrèce*.

Vite à table!
Et que l'on sable
Chaque vin
De ce festin!

(*Tous sortent, excepté Annibal qui arrête Palmyre*).

SCÈNE VII.

PALMYRE, ANNIBAL.

ANNIBAL (*prenant Palmyre par la main, et la ramenant violemment en scène*). A nous deux, Madame.

PALMYRE. Qu'est-ce qu'il vous prend?

ANNIBAL. Tu oses le demander!

PALMYRE. Ne me tutoyez donc pas, s'il vous plaît...

ANNIBAL. Votre conduite et mon costume d'arlequin, me donnent ce droit... (*criant*). Palmyre!

PALMYRE (*criant aussi*). Eh! bien?

ANNIBAL. Vous m'avez traité comme un pierrot...

PALMYRE!...

ACTE III, SCÈNE IX.

PALMYRE (*souriant*). Vous croyez?...
ANNIBAL (*furieux*). J'en suis sûr!... Je sais tout, vous avez donné un rendez-vous...
PALMYRE. Vous vous trompez... j'en ai donné plusieurs...
ANNIBAL. Plusieurs!... sango démi!... (*avec désespoir*). Ah! je suis le plus infortuné des arlequins!...
PALMYRE. Certainement... quatre de ces messieurs les gentilshommes m'ont demandé à causer avec moi en particulier, et j'y ai consenti... parce qu'une demoiselle honnête ne doit jamais faire de jaloux.
ANNIBAL. Honnête!... elle est bonne, celle-là!... mais Lucrèce... pas Lucrèce Ponsard... Lucrèce Borgia n'est qu'une rosière à côté de vous... ah! j'ai des idées de vengeance!... (*Il cherche à tirer sa batte de sa ceinture et ne peut y parvenir*). On a parlé d'une histoire d'un pompier et d'une écaillère... je vais faire le pendant... celle d'un limonadier et d'une laitière... (*Voyant qu'il ne peut tirer sa batte*) mais le sabre me manque....
PALMYRE (*riant*). Eh! bien, voyons, je vous attends..
ANNIBAL. J'ai pitié de tes larmes, de ton repentir, car tu viens de me jurer que tu n'irais pas à ce rendez-vous, n'est-ce pas?...
PALMYRE. Pas du tout... j'irai à tous!
ANNIBAL (*furieux*). Et elle me le dit .. à mon nez, à... mon masque!
PALMYRE. Chut!... n'entendez-vous pas le bruit d'une clé dans la serrure?
ANNIBAL (*écoutant*). Mais on crochète... on crochète... c'est peut-être un monsieur qui veut aller à Brest ou à Toulon... aux frais du gouvernement.
PALMYRE. Et! non. C'est un de ceux qui m'ont donné rendez-vous.
ANNIBAL. Bah!... c'est donc ici le rendez-vous?..
PALMYRE. Eh! oui...
ANNIBAL (*faiblissant*). Aïe!... je sens tous les préludes d'une jaunisse bien conditionnée!...
PALMYRE. Allons, allez-vous-en!
ANNIBAL. Jamais...
PALMYRE. Je vous en prie...
ANNIBAL (*à part*). Oh! quelle idée gigantesque!..
PALMYRE. Je vous serai fidèle, je vous le jure!
ANNIBAL (*à part*). Je t'en souhaite! et puis après on vous dit : Dame! ce n'est pas ma faute, je n'ai pas pu faire autrement.
(*Ritournelle de polka.*)
PALMYRE. Oh! la contredanse... je suis invitée. Mais je serai revenue à temps (*A part.*) pour que la mystification de M. d'Harville soit complète.
ANNIBAL (*à part*). Oh! je vais la faire durer le double.

ENSEMBLE.

Air : *La fleur de l'âme. Non, je ne vois personne.*
(Oiseau de paradis.)
Partons, et sans bruit,
Car le temps s'enfuit,
Silence,
De la prudence,
Bientôt en ces lieux,
Je dois et je veux
Punir leurs coupables vœux.

PALMYRE.
Partons, etc.
Car, etc.
Silence
De la prudence
Bientôt en ces lieux,
Je dois, et je veux,
Paraître enfin à leurs yeux.

SCÈNE VIII.

MONTBRUN. Me voici dans le logement de cette ravissante laitière!... quelle attention délicate! me donner la clé de sa porte... en me recommandant de la laisser ouverte... pour qu'elle puisse me rejoindre... Des bouteilles, des quinquets..... qu'est-ce que cela signifie. (*La porte s'ouvre.*) Quelqu'un.

SCÈNE IX.
MONTBRUN, D'HARVILLE.

D'HARVILLE. Que vois-je! Montbrun! Vous ici, mon cher.
MONTBRUN. Mais vous-même?
(*La porte s'ouvre de nouveau; un jeune homme paraît.*)
D'HARVILLE. Encore quelqu'un!
MONTBRUN. Et de trois!
(*La porte s'ouvre encore; un second jeune homme entre.*)
D'HARVILLE et MONTBRUN. Et de quatre!
D'HARVILLE. Ah, ça, messieurs, expliquons-nous... que venez-vous faire ici?
MONTBRUN. Parbleu, probablement ce que vous y veniez faire vous-même.
D'HARVILLE. Comment!... mademoiselle Aglaé Meunier!
MONTBRUN. M'a donné rendez-vous.
PREMIER GENTILHOMME. Et à moi aussi!
DEUXIÈME GENTILHOMME. Et à moi aussi!
MONTBRUN et D'HARVILLE (*partant tous deux d'un grand éclat de rire*). Ah! ah! ah!
MONTBRUN. Mais, dites-moi donc... il me semble que cette petite bourgeoise s'est permis de se moquer de nous...
D'HARVILLE. Ça me fait furieusement cet effet-là...
MONTBRUN. Mais je prendrai ma revanche...
D'HARVILLE. Et moi la mienne.
LES DEUX GENTILSHOMMES. Et nous aussi...
D'HARVILLE. Ah! vous donnez des rendez-vous

d'amour à quatre personnes, ma mie! eh bien, nous nous y trouverons tous les quatre à la fois...

TOUS. C'est cela!

MONTBRUN. Et vous nous donnerez à chacun une preuve de votre amour.

D'HARVILLE. Ou nous la prendrons... Moi, d'abord, je lui enlève ses mitaines...

MONTBRUN. Moi, son bonnet...

PREMIER GENTILHOMME. Moi, son fichu...

DEUXIÈME GENTILHOMME. Moi, son tablier!

D'HARVILLE. A merveille! cela lui apprendra à vouloir jouer les gentilshommes du club..

MONTBRUN. Messieurs... du bruit de ce côté..... le frôlement d'une robe...

D'HARVILLE. C'est elle qui vient... l'obscurité la plus complète...

MONTBRUN. Eteignons tout.

(Ils soufflent toutes les chandelles. Nuit.)

SCENE X.

LES MÊMES, ANNIBAL.

ANNIBAL, (arrivant costumé en laitière). J'ai donné le mot à la clarinette : il va prolonger indéfiniment la boulangère... et sous ce costume que j'ai loué, je viens pour sauver l'honneur de Palmyre.

D'HARVILLE (A Montbrun.) C'est bien elle; je reconnais son petit pas léger...

ANNIBAL. C'est drôle; mais ça me vexe d'être habillé en femme... Je me dis à chaque instant : voyons donc, est-ce que je ne suis plus de mon sexe... Quand j'étais petit, et qu'on voulait me mettre des cottes de petite fille, je pleurais à chaudes larmes.

D'HARVILLE. Psitt! psitt!

ANNIBAL (à lui-même). Il en est venu un...

MONTBRUN (du côté opposé). Psitt! psitt!

ANNIBAL (à lui-même). Diable! ils sont deux...

PREMIER GENTILHOMME (d'un autre côté). Psitt! psitt!

ANNIBAL (à lui-même). Ah! bigre..... ils sont trois...

DEUXIÈME GENTILHOMME (d'un côté opposé). Psitt! psitt!

ANNIBAL (à lui-même). Nom d'un petit bonhomme, ils sont quatre...

D'HARVILLE (prenant la main d'Annibal). C'est moi, belle laitière...

ANNIBAL (à lui-même). Oh! il me caresse l'index...

D'HARVILLE (à lui-même). Quelle grosse main! Je la lui croyais plus petite que ça...

MONTBRUN (à Annibal). Je suis exact, mon petit chat. (A lui-même, et tenant le bras d'Annibal). Quel bras! elle est bien établie, cette femme-là...

PREMIER GENTILHOMME (prenant la taille d'Annibal). Me voici!

DEUXIÈME GENTILHOMME (de même, de l'autre côté). Me voilà!

ANNIBAL (à lui-même). Ça commence à m'embêter, ces manières-là!

(D'Harville et Montbrun baisent chacun une main à Annibal, et, en même temps, les deux gentilshommes l'embrassent chacun sur une joue.)

ANNIBAL (à lui-même). Grand Dieu! je suis déshonoré!

D'HARVILLE (riant). Vous ne vous attendiez pas à nous trouver d'accord, n'est-ce pas, la belle enfant?

ANNIBAL (imitant la voix de femme). Le premier qui recommence, je lui flanque une taloche!

MONTBRUN. Allons, ne fais pas la méchante, et donne-moi un gage de ton amour.

ANNIBAL (avec la voix de femme). Jamais, jeune téméraire!..

MONTBRUN. Je le prendrai donc alors... Tiens, ce petit fichu, qui voile tant de charmes, je veux le garder comme un souvenir. (Il enlève le fichu d'Annibal.)

ANNIBAL. Il découvre mes appas!

PREMIER GENTILHOMME. A moi, cette cornette...

ANNIBAL (surpris). Mais il me vole mon bonnet!...

DEUXIÈME GENTILHOMME. A moi, ce charmant tablier...

ANNIBAL (à lui-même). Seraient-ce des filoux...

D'HARVILLE. Et à moi... la robe!..

ANNIBAL (à lui-même). Ils vont m'habiller comme madame Keller.

D'HARVILLE. Voyons, exécutons-nous de bonne grâce... car nous sommes quatre.

ANNIBAL. Au secours!.. au voleur!.. à moi!..

SCÈNE XI.

LES MÊMES, PALMYRE, VERNISKI, FORSTER, MASQUES. AGLAÉ, LOMBARD, CASIMIR.

TOUS. Qu'y a-t-il?

MONTBRUN. Que vois-je!

D'HARVILLE. Annibal... en arlequin!...

LOMBARD. Encore ces affreux masques! ils viennent ici pour mettre tout en révolution!

D'HARVILLE. M. Lombard!... parbleu, vous arrivez à propos... demain matin vous recevrez une lettre.

LOMBARD (en tirant une de sa poche). J'en ai préparé aussi une pour vous...

D'HARVILLE. Cette lettre vous annoncera que je crois devoir renoncer à la main de votre trop séduisante nièce.

LOMBARD. La mienne vous fera part du mariage d'Aglaé avec M. Casimir Morel...

ACTE III, SCÈNE XI.

D'HARVILLE. Ah! bah!..

CASIMIR. Oui, M. le marquis...

D'HARVILLE (*saluant Aglaé, qui se trouve près de Lombard*). Mademoiselle, je vous félicite... mais je vous engage, une fois mariée, à ne plus donner quatre rendez-vous à la fois...

PALMYRE. Ce n'est pas à mademoiselle qu'il faut faire cette recommandation-là, monsieur le marquis, c'est à moi...

D'HARVILLE. A vous...

PALMYRE. Mon Dieu, vous aviez parlé légèrement sur mon compte, j'ai voulu vous en punir en servant l'amour de ma compagne d'enfance... c'est une vengeance de grisette...

MONTBRUN. Allons, messieurs, je le vois, nous avons été mystifiés.

ANNIBAL. Oui... les gants jaunes sont dindonnés... le bal est jobardé par le bastringue.

MOREL. Mais, ces messieurs, je l'espère, ne vous garderont pas rancune : le mardi gras, on se permet bien des choses...

MONTBRUN. Qu'en dites-vous, d'Harville?

D'HARVILLE. Ma foi, le père Morel a raison, c'est un tour de carnaval, et pour le terminer joyeusement, j'invite toute la société à venir finir la nuit au grand salon du Club...

TOUS. Accepté.

ANNIBAL. Et on verra danser ensemble le bal et le bastringue.

TOUS. Partons!

Air : *Final du premier acte.*

Ici, plus rien, qui nous distingue :
Plus d'ennuis,
Soyons tous amis,
Que le bal et le bastringue
Soient unis
Ce soir à Paris.

(*Changement à vue. Le théâtre représente une grande salle de Bal. Divertissement, exécuté par toute la troupe.*)

FIN.

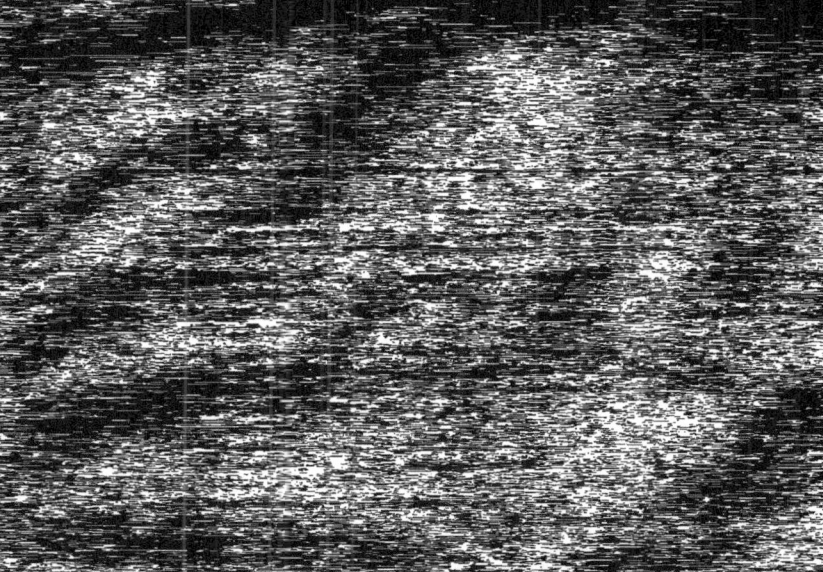

EN VENTE CHEZ LE MÊME ÉDITEUR.

Vicomte de Letorières.	60	Métier et Quenouille.	50	Le Petit Poucet.	60
Les Fées de Paris.	50	Angélique et Médor.	50	Camoëns.	60
La Jeunesse de Charles-Quint.	60	Loïsa.	50	Le Lansquenet et les chemins de fer.	50
Monstre de femme.	40	Joërisse en Famille.	40		
Pour mon fils.	50	L'autre Part du Diable.	40	Monsieur et Madame Denis.	50
Lucienne.	50	La chasse aux Belles Filles.	60	Porthos.	60
Les Jolies Filles de Stilberg.	40	La Salle d'Armes.	50	La Pêche aux Beaux-Pères.	60
L'Enfant de chœur.	50	Une Femme compromise.	60	La Révolte des Marmozets.	40
Le Grand-Pantin.	60	Patineau.	50	Un premier souper de Louis XV.	50
La Tante mal gardée.	40	Madame Roland.	60	L'Homme et la Mode.	60
Les Circonstances.	40	L'esclave du Camoëns.	50	Le Ménétrier.	60
La Chasse aux vautours.	40	Les Réparations.	50	L'Almanach des 25,000 adresses	60
Les Batignollaises.	40	Le mariage du gamin de Paris.	50	Les Murs ont des oreilles.	60
Une Femme sous les scellés.	50	La Veille du Mariage.	40	La Charbonnière.	60
Les Aides-de-camp.	50	Paris bloqué.	60	Le Code des Femmes.	50
Le Mari à l'essai.	40	Ménage Parisien.	1 5	On demande des Professeurs.	50
Chez un Garçon.	40	La Bonbonnière.	50	Le Pot aux Roses.	50
Jakel's Club.	40	Adrien.	50	La grande et les petites Bourses.	50
Mérovée.	50	Pierre le millionnaire.	60	L'Enfant de la Maison.	50
Les deux Couronnes.	60	Carlo et Carlin.	60	Riche d'Amour.	60
Au Croissant d'argent.	50	Le Moyen le plus sûr.	50	La Comtesse de Morange.	60
Le Château de la Roche-Noire.	40	Le Papillon Jaune et Bleu.	50	La Gloire et la Pot-au-Feu.	50
Mon illustre Ami.	40	La Polka en province.	50	Les Pommes de terre malades.	60
Le premier Chapitre.	50	Une Séparation.	40	Le Marchand de Marrons.	60
Talma en congé.	40	Le roi Dagobert.	60	Un Nuage au Ciel.	50
L'Omelette fantastique.	50	Frère Galfâtre.	60	L'Eau et le Feu.	60
La Dragonne.	50	Niaise à Paris.	60	Beaugaillard.	50
La Sœur de la Reine.	60	Le Troubadour-Omnibus.	50	Mardi gras.	40
La Vendetta.	50	Un Mystère.	60	Le retour du Conscrit.	40
Le Poète.	50	Le Billet de faire part.	60	Le Mari perdu.	60
Les Infortunes conjugales.	50	Florina.	60	Les Dieux de l'Olympe.	60
Une Maîtresse anonyme.	50	Pulcinella.	60	Le Carillon de Saint-Mandé.	50
Le Loup dans la bergerie.	50	La Sainte-Cécile.	60	Geneviève.	60
L'Hôtel de Rambouillet.	60	Follette.	50	Mademoiselle ma femme.	50
Les Deux Impératrices.	60	Deux Filles à marier.	50	Mort civilement.	50
La Caisse d'Épargne.	50	Monseigneur.	60	Mal du pays.	50
Thomas le Rageur.	50	À la Belle Étoile.	50	La Veuve de quinze ans.	50
Derrière l'Alcove.	50	Un Ange tutélaire.	50	La Garde-Malade.	50
La Villa Duflot.	50	Wallace.	60	Le Fruit défendu.	40
Péroline.	50	Un jour de Liberté.	60	Clarisse Harlowe (Parodie).	60
Une Femme à la Mode.	40	Paris à tous les Diables.	60	Place Vendôme.	50
Les Égarements d'une Canne et d'un parapluie.	40	Une Averse.	50	Nicolas Poulet.	50
		Madame de Cérigny.	60	Roch et Luc.	50
Les Deux Ânes.	50	Le Fiacre et le Parapluie.	40	La Protégée sans le savoir.	60
Foliquet, coiffeur des dames.	50	La Morale en action.	50	Une Fille Terrible.	50
L'Anneau d'Argent.	40	L'Habeas Corpus.	50	La Planète à Paris.	50
Recette contre l'Embonpoint.	50	Le Prince Toutou.	40	L'Homme qui se cherche.	50
Don Pasquale.	40	Mimi Pinson.	50	Ne touchez pas à la Reine.	1
Mademoiselle Déjazet au sérail.	40	L'Article 170.	60	Maître Jean ou la Comédie à la Cour.	60
Touboulic le Cruel.	40	Les Deux Pierrots.	50		
Hermance.	60	Les Viveurs.	60	Une année à Paris.	60
Canuts.	50	Le Seigneur des Broussailles.	50	Irène ou le Magnétisme.	60
Entre Ciel et Terre.	40	L'Amour dans tous les quartiers.	60	Amour et Biberon.	50
La Fille de Figaro.	60			En Carnaval.	50

En vente, chez le même Éditeur :

ŒUVRES COMPLÈTES DE M. EUGÈNE SCRIBE,
5 vol. grand in-8 à colonnes, édition Furne,
avec 180 jolies vignettes en taille-douce, de MM. Alfred et Tony Johannot,
Gavarni, etc. — Prix : 60 fr. net : 30 fr.

IMPRIMERIE HYDRAULIQUE DE GIROUX ET VIALAT, À LAGNY.

www.ingramcontent.com/pod-product-compliance
Lightning Source LLC
Chambersburg PA
CBHW060622050426
42451CB00012B/2381